Jürgen Gaßebner · Honda

Jürgen Gaßebner

Motorräder die Geschichte machten

HONDA

Die Modelle mit V4-Motor

Motorbuch Verlag Stuttgart

Einbandgestaltung: Johann Walentek unter Verwendung eines Dias von Frank Herzog.

Bildmaterial: Archive MOTORRAD und PS, Gaßebner, Herzog, Werk.
Zeichnungen: Werk.

**Motorräder
die Geschichte machten**

**Eine Buchreihe im Motorbuch Verlag Stuttgart
Bisher erschienen:
Moto Guzzi V-Twins, Honda CX 500, Ducati, Sechszylinder,
Yamaha XT-Modelle, Suzuki GSX-R.
Weitere Bände in Vorbereitung.**

ISBN 3-613-01661-3

1. Auflage 1995.

Satz: Service-Center Schwabenverlag AG, 73760 Ostfildern.
Druck: Studio-Druck, 72622 NT Raidwangen.
Bindung: K. Dieringer, 70839 Gerlingen.
Printed in Germany.

Inhalt

Danke

Bei der Arbeit an diesem Buch haben mich viele Personen unterstützt. Herzlich danke ich den Chefredakteuren von MOTORRAD und PS, Friedhelm Fiedler beziehungsweise Volker Koerdt, für die Nutzung der Archive. Sie verhinderten erfolgreich ein bilderloses Buch.

Der Buch-Macher: Jürgen Gaßebner, Baujahr 1962, studierte Physik und Betriebswirtschaft, bevor er 1991 als Test- und Technik-Redakteur zu »PS – Das Sport-Motorrad Magazin« kam. Er verfolgte die V4-Geschichte vom Beginn mit der NR 500 an und befaßt sich selbst aktiv mit dem Tuning von V4-Hondas. Heute leitet er verantwortlich das Sport-Ressort bei PS – Grund genug für ihn, dem Rennsport in diesem Buch einen angemessenen Stellenwert einzuräumen

Besonderen Dank schulde ich Roland Eckert, der für meine Fragen stets ein offenes Ohr hatte, mir Einblick in private Rennunterlagen gewährte und mir die Gelegenheit gab, einige seiner Rennmaschinen einmal selbst zu fahren. Er hatte maßgeblichen Anteil an der Enstehung dieses Bandes.

Ebenso bedanke ich mich bei Hanns Eisner, Klaus Bescher und Klaus Wilkniß vom deutschen Honda-Importeur in Offenbach für die Überlassung technischen Datenmaterials, Zeichnungen und Fotos sowie für die Beschaffung wichtiger Informationen.

Vielen Dank auch an HRC-Vizepräsident Yoichi Oguma und Honda-Teamchef Erv Kanemoto, die mir bei meinem Besuch in Japan sehr behilflich waren und mich vor Ort mit wertvollen Informationen versorgten. Merci an Gerhard Thiede, der mich sein RC-45-Superbike fahren ließ und in den Gesprächen kein Blatt vor den Mund nahm.

Außerdem danke ich folgenden Fahrern für ihre griffigen Statements, die mir im Rennsport-Kapitel eine große Hilfe waren: Mick Doohan und Eddie Lawson, die mir in Suzuka eindrucksvoll die Manieren der Werks-RVF 750 F beschrieben; Mike Smith, der mich über die technischen Besonderheiten seiner Daytona-RC 30 aufklärte; Andy Hofmann, der mit sich und seiner Honda 1994 weiß Gott genug zu tun hatte, aber dennoch immer gesprächsbereit war.

Last but not least ein herzliches Dankeschön an meinen Kollegen Waldemar Schwarz, Technik-Chef bei MOTORRAD, für seine Analyse des RC 30-Motors.

Jürgen Gaßebner,
im Winter 1994/95

Vorwort

»Hondas Weg zum V4-Motor« von Roland Eckert

Als Soichiro Honda 1948 die Honda Motor Company in Hamamatsu gründete und fünf Jahre später 70 Prozent des japanischen Marktes für Fahrrad-Hilfsmotoren hielt, dachte wohl kaum ein Außenstehender ernsthaft an Rennsport mit Honda-Motorrädern. Herr Honda hingegen wußte, daß der Weg zur Eroberung des Weltmarktes nur über Sporterfolge und die Begeisterung der Massen beschritten werden konnte und besuchte deshalb 1954 die TT auf der Isle of Man, um sich ein Bild vom internationalen Motorrad-Straßenrennsport zu machen. Bis es allerdings wirklich soweit war und Honda-Rennmaschinen tatsächlich für Furore sorgten, vergingen noch sechs Jahre. Dann aber ging es Schlag auf Schlag. Honda debütierte bei der TT auf der Isle of Man und errang mit Bob Browns viertem Platz in der Lightweight-TT bis 250 cm^3 auf Anhieb einen beachtlichen Erfolg.

Ohne ihn ging nichts: Roland Eckert, seit 1970 Honda-Händler, befaßte sich von der ersten Stunde an mit der V4-Technik. Von 1984 bis 1991 war er mit seinem Team in der Endurance- und Superbike-Szene mit V4-Hondas aktiv. Zwei Titel und eine Vize-Meisterschaft in der Superbike-DM waren der Mühe Lohn. Seine Erfahrungen mit der V4-Technik waren für dieses Buch von unschätzbarem Wert

Im Jahr darauf, 1961, stellte Honda bereits den Weltmeister bei den 125ern und den 250ern und verkaufte weltweit über 100 000 Maschinen. Als Honda sich 1967 aus dem Grand-Prix-Sport verabschiedete, standen schließlich nicht weniger als 16 WM-Titel auf dem Konto der japanischen Marke.
1969 produzierte der Gigant in seinen Werken über 1,5 Millionen Maschinen und präsentierte mit der CB 750 den ersten Großserien-Vierzylinder. Die CB 750, die zum Vorbild für zahlreiche Modelle der Konkurrenz wurde, war für Honda der Schritt in eine Zukunft, die leistungsstarke und gleichsam zuverlässige Maschinen prägten. Entsprechend engagierte sich das Werk mit hubraumstarken Maschinen erfolgreich im Langstreckensport.
Sinkende Verkaufszahlen zwangen Honda Mitte der siebziger Jahre schließlich dazu, erneut über ein Grand-Prix-Engagement nachzudenken. 1978 fiel im japanischen Stammhaus schließlich der Startschuß zum Projekt NR 500 – einer Grand-Prix-500er mit wassergekühltem Viertakt-V4-Motor. Mit immensem technischem und finanziellem Aufwand versuchte Honda vier Jahre lang, dem Viertakter in der von Zweitaktern beherrschten Szene zum Durchbruch zu verhelfen – jedoch erfolglos. 1982 wurde das Rennengagement mit der NR 500 zugunsten einer erfolgreichen Zweitakt-Rennmaschine eingestellt.
Doch die NR 500 hatte bei Honda etwas bewegt. Das V4-Konzept kam 1982 in Serie und begründete neben der Ära der Reihenvierzylinder, die einst die CB 750 einläutete, eine neue Epoche beim japanischen Hersteller. Tourensportler, Chopper und Renn-Repliken rollten vom Band; leistungsstarke Rennmaschinen dominierten in der Endurance-Weltmeisterschaft und bei Superbike-Rennen. Der V4 war zu einem Erfolg geworden.
Jürgen Gaßebner bespricht in diesem Buch die Serienmaschinen in chronologischer Abfolge aus der Sicht des Testers, gibt einen Überblick der Aktivitäten in der Tuningbranche und zeigt die hochinteressante Entwicklung der Honda-V4-Technik im Rennsport auf.
Gerne habe ich ihn bei seiner Arbeit mit meinen persönlichen Erfahrungen, die ich von 1984 bis 1991 mit der RS 750 R und der RC 30 in der Endurance-WM sowie in der Superbike-DM und -WM sammelte, unterstützt.

Roland Eckert,
im Winter 1994/95

VF 750 S (RC 07)

Touristenklasse

Die Zeit war scheinbar reif für eine Wachablösung. Nach zwölf Jahren Reihenvierzylinder präsentierte Honda zum Beginn der Saison 1982 ein neues Konzept für die populäre 750er-Klasse. VF 750 S hieß das neue Motorrad mit revolutionärem Vierzylinder-V-Motor.

Die neu entwickelte Antriebsquelle war wassergekühlt und quer eingebaut; ihre beiden Zylinderpaare standen – erstmals bei einer Serien-Honda – im Winkel von 90 Grad zueinander. Mit üppigen 70 mm Bohrung und lediglich 48,6 mm Hub war der Vierzylinder auf hohe Drehzahlen bis 11 000/min ausgelegt. Der Gaswechsel in den beiden Zylinderköpfen erfolgte über insgesamt 16 Ventile, die pro Zylinderpaar von jeweils einer kettengetriebenen Ein- und Auslaßnockenwelle über drehzahlfeste Gabelschlepphebel betätigt wurden.

Bemerkenswert an der Konstruktion der Zylinderköpfe war der völlige Verzicht auf Lagerschalen oder gar Wälzlager. Die Nockenwellen aus Stahl drehten sich gleitgelagert direkt im Aluminium des Zylinderkopfes. Diese Art der Lagerung hielt den technischen Bearbeitungsaufwand in Grenzen und sparte Kosten, war aber dafür empfindlicher gegen Verunreinigungen im Öl oder gar Ölmangel, wie er kurzfristig in der Kaltlaufphase eines Motors auftreten kann. Nachteilig war, daß bei starken Beschädigungen der Lagerstellen nicht lediglich das betroffene Lager getauscht werden konnte, sondern der ganze Zylinderkopf ausgetauscht werden mußte.

Die Pleuel der beiden linken und rechten Zylinder liefen jeweils in Gleitlagerschalen auf gemeinsamen Hubzapfen, deren Versatz auf der Kurbelwelle zueinander null Grad betrug. Die beiden linken Zylinder zündeten in einem Winkel von 90 Grad nacheinander, 270 Grad später brachten die beiden rechten Zylinder ihr Gemisch im Abstand von 90 Grad Kurbelwinkel zur Explosion. Pro Zylinderreihe ergab sich demnach ein Zündversatz von 360 Grad. Diese unregelmäßige Zündfolge hatte neben einer bulligen Leistungsabgabe vor allem den unverwechselbaren, röhrenden Auspuffton, der entfernt an einen italienischen Ducati-V2 erinnerte, zur Folge.

Abnehmbare Zylinder wie zum Beispiel bei einem Reihenmotor besaß die neue Honda nicht. Ihre Zylinderlaufbuchsen waren in die obere Hälfte des horizontal geteilten Motorgehäuses eingeschraubt und wurden direkt vom Kühlwasser umspült. Ein einfaches, aber wirkungsvolles Prinzip, um die durch Verbrennung und Reibung entstandene Wärme rasch und gleichmäßig abzuführen und damit einen günstigen Temperaturhaushalt zu erzielen. Den Umlauf der 2,8 Liter Kühlflüssigkeit besorgte eine Wasserpumpe auf der linken Gehäuseseite unterhalb der Lichtmaschine.

Vier Gleichdruckvergaser mit einem Durchmesser von 32 Millimetern speisten das auf 10,5 zu eins verdichtete Triebwerk, das eine Höchstleistung von 60 kW (82 PS) bei 9500/min und ein maximales Drehmoment von 66 Nm bei 7500/min entwickelte.

V4, die Erste: Die VF 750 S markierte 1982 den Start in eine neue Epoche von Serienmaschinen im Hause Honda. Ihr wassergekühlter V4 leistete 82 PS, besaß 90 Grad Zylinderwinkel und vier obenliegende Nockenwellen. Der wartungsfreie Kardanantrieb stempelte sie zum sportlichen Tourer

Die Kraftübertragung von der Kurbelwelle erfolgte über zwei Primärzahnräder auf ein klauengeschaltetes Sechsganggetriebe mit besonders lang übersetzter sechster Gangstufe, dem sogenannten Overdrive. Über einen wartungsarmen Kardanantrieb wurde die Kraft auf das Hinterrad übertragen.

Das Herzstück des Fahrwerkes bildete der Doppelschleifenrahmen aus Stahl mit runden Rohrquerschnitten. Der Motor war nicht starr und als tragendes Element integriert, sondern in Silentblocks gelagert. Diese Komfortlösung verhinderte zwar nahezu vollständig die Übertragung der Motorvibrationen auf das Chassis und die übrigen Anbauteile, erforderte aber im Gegenzug eine besonders stabile und somit schwere Ausführung der Rahmenrohre. Zum einfacheren Ein- und Ausbau des V-Motors war der rechte Rahmenunterzug abnehmbar.

Mit 1560 Millimetern Radstand, 60,5 Grad Lenkkopfwinkel und 117 Millimetern Nachlauf war die VF 750 S ganz auf Geradeauslauf ausgelegt. Die hydraulisch gedämpfte Teleskopgabel wies 36 Millimeter dicke Standrohre auf und bot 140 Millimeter Federweg. Zudem war sie dank Luftunterstützung in der Federhärte einstellbar. Ein hydraulisches Anti-Dive-System sollte zu starkes Eintauchen der Frontpartie beim Bremsen verhindern. An der Hinterradschwinge

mit ebenfalls luftunterstütztem Zentralfederbein und progressiver Hebelumlenkung standen 100 Millimeter Arbeitshub zur Verfügung.
Im Fahrbetrieb benahm sich die Honda aufgrund der sehr weichen Abstimmung der Federelemente betont komfortabel, Schlaglöcher und Bodenwellen verarbeitete das Chassis ordentlich. Einen weiteren Pluspunkt sammelte die Maschine in puncto Handlichkeit. Trotz der auf Stabilität ausgelegten Fahrwerksgeometrie fielen Schräglagenwechsel durch den tiefen Schwerpunkt relativ leicht. Hier zahlten sich die konstruktionsbedingten Vorteile des V-Motors aus. Die VF 750 S baute niedrig und sehr schmal. Das bei Reihenvierzylindern mit quer zur Fahrtrichtung liegender Kurbelwelle ausgeprägte Trägheitsmoment um die Längsachse fiel bei diesem Motorentyp aufgrund der Massenkonzentrationen nahe am Maschinenschwerpunkt deutlich geringer aus.
Gleichwohl gab das Fahrwerk – vor allem zu zweit und mit Gepäck – Anlaß zu Kritik. Das lasche Federbein vermochte Bodenwellen in schnell gefahrenen Autobahnkurven nicht ausreichend zu dämpfen und versetzte die Fuhre in Schlingerbewegungen. Zudem schlug das Element auf schlechten Straßen durch. Eine Folge zu geringer Dämpfungsraten und einer zu weichen Feder. Dies konnte auch eine Variierung der üppigen Einstellmöglichkeiten kaum bessern.

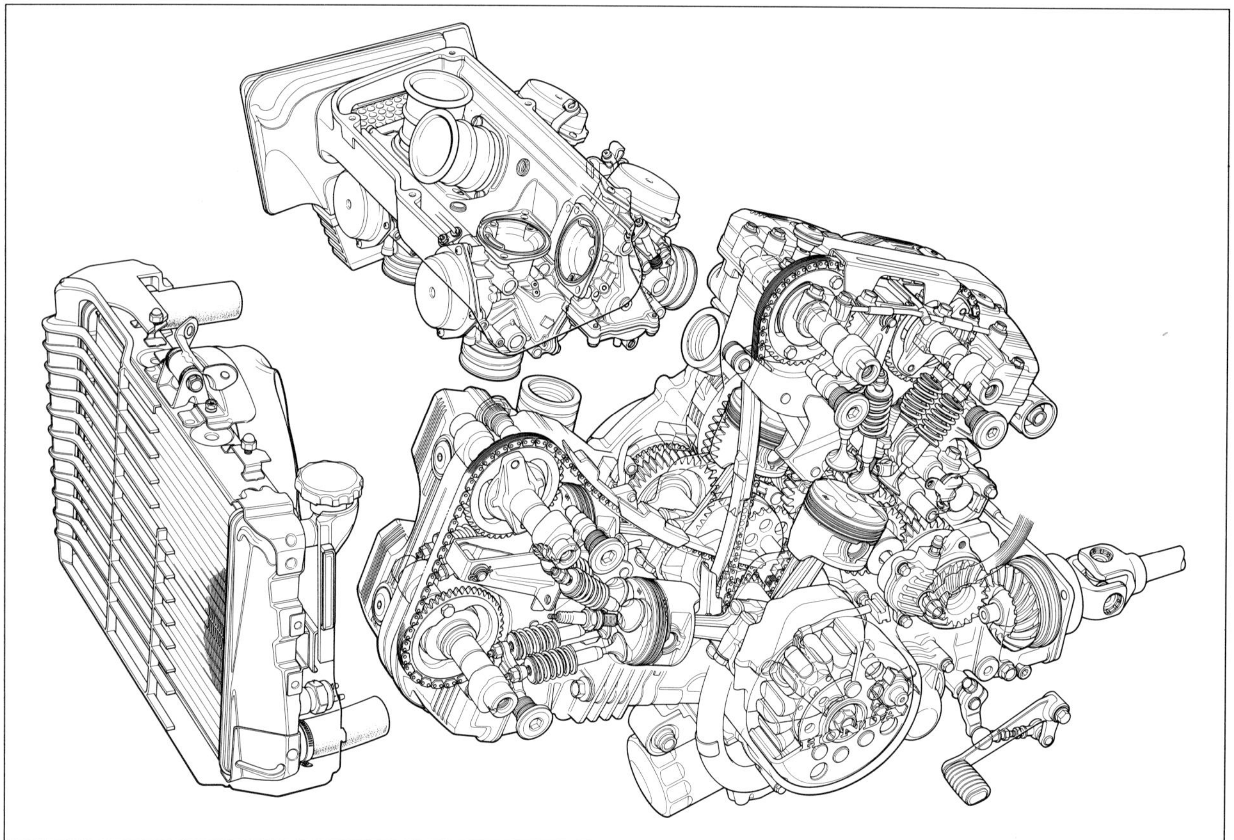

Kraft-Paket: der wassergekühlte V4 der VF 750 S war mit vier obenliegenden Nockenwellen und 16 via Schlepphebel betätigten Ventilen der bis dato aufwendigste Großserien-Vierzylinder

Das war's: Nach 25 000 Dauertest-Kilometern zerlegten die Redakteure von MOTORRAD die Maschine. Dabei offenbarten sich einige Schwachstellen am Motor. Im Testbetrieb kam es zu einem Rahmenbruch im Bereich des Hecks

Dem Konzept des sportlichen Tourers entsprechend erwies sich die Sitzposition auf der VF 750 S als sehr bequem. Für den Fahrer zumindest. Beifahrer hingegen klagten über eine zu kurze, mäßig gepolsterte Sitzbank und zu hoch liegende Fußrasten. Gleichwohl taugte die Honda wegen ihres drehfreudigen und dennoch durchzugsstarken Triebwerkes sowie des komfortablen Fahrwerkes mit dem wartungsfreien Kardanantrieb für längere Touren. Ein scharfes Auge sollten Besitzer dieser Maschinen jedoch hin und wieder dem Rahmenheck widmen. Im Dauertest der Zeitschrift „MOTORRAD" über 25 000 Kilometer brach das Rohrwerk nämlich unvermittelt ab. Ob der Bruch der vier Rohre allerdings auf deren Unterdimensionierung oder möglicherweise auf einen vorangegangenen Sturz zurückzuführen war, konnte selbst der Gutachter damals nicht klären. Trotzdem: Kontrolle schadet nicht.

Besonderes Augenmerk sollte – damals wie heute – auch auf den Ventiltrieb gerichtet werden. Zu Anfang der V4-Baureihe traten speziell bei diesem Modell Schäden an den Nockenwellen und Schlepphebeln auf, die Honda zwar kulant oder auf Garantie ersetzte, jedoch nie ganz ausmerzen konnte. Die Reibpaarung zwischen Nockenlaufbahnen und Gleitplättchen auf den Schlepphebeln war ungünstig gewählt worden, und es traten Härteausbrüche, sogenanntes Pitting, auf. Davon betroffen waren die Modelle mit den Fahrgestell-Nummern RC 07-2000001 bis 2099999 (Bj. '82) und RC 07-2100001 bis 2199999 (Bj. '83).

Trotz der genannten Schwachstellen konnte die VF 750 S begeistern. Ihr Herzstück, der V4-Motor, war im Grunde seines Kurbelgehäuses nämlich eine solide Konstruktion. Er besaß viel Leistung, einen satten Drehmomentverlauf, vibrierte nicht und war thermisch gesund. Mit den Fahrwerksschwächen konnten ruhigere Fahrer noch leben, Sportfans hingegen schielten auch nicht zuletzt wegen der geringen Bodenfreiheit nach Modellen aus den Sortimenten der Konkurrenz.

Problematisch: Schäden an Nockenwellen und Schlepphebeln waren bei der VF 750 S keine Seltenheit. An den Gleitstellen der Gabelschlepphebel sowie an den Nockenlaufbahnen traten Härteausbrüche, sogenanntes Pitting, auf

TECHNISCHE DATEN VF 750 S (RC 07)

MOTOR		Felgengröße vorne/hinten:	2.50 x 18˝
Bohrung x Hub:	70 x 48,6 mm		3.00 x 17˝
Hubraum:	748 cm^3	Reifengröße vorne:	110/90-18 61H
Verdichtung:	10,5 : 1	hinten:	130/90-17 68H
Leistung:	60 kW (82 PS) bei 9 500/min	Bremsen vorne:	245-mm-Doppelscheibe
Drehmoment:	66 Nm bei 7 500/min	hinten:	160-mm-Trommel
GEMISCHAUFBEREITUNG			
Typ:	Vier Keihin-Vergaser VD 62 A	ELEKTRISCHE ANLAGE	
Durchlaß:	32 mm	Zündkerzen:	NGK DPR8EA-9,
Hauptdüse:	128		ND X24EPR-U9
Leerlaufdüse:	60	Generatorleistung:	350 W / 5 000/min
		Batteriekapazität:	12 V / 14 Ah
KRAFTÜBERTRAGUNG			
Primärübersetzung:	1,736	MASSE, GEWICHTE UND FÜLLMENGEN	
1. Gang:	2,294	Tankinhalt/Reserve:	18 / 4 Liter
2. Gang:	1,619	Kraftstoffart:	Normalbenzin mind. 91 ROZ
3. Gang:	1,291	Motorölmenge:	3,0 Liter
4. Gang:	1,074	Kühlflüssigkeit:	2,8 Liter
5. Gang:	0,896	Gabelöl links/rechts:	339 / 375 cm^3
6. Gang:	0,750	Leergewicht vollgetankt:	242 kg
Sekundärübersetzung:	1,187 x 3,181	L x B x H:	2 245 x 830 x 1 160 mm
		Sitzhöhe:	790 mm
FAHRWERK			
Radstand:	1 560 mm	HÖCHSTGESCHWINDIGKEIT:	204 km/h
Lenkkopfwinkel:	60 Grad 30’		
Nachlauf:	117 mm	PREIS 1982:	9 173 Mark inkl. Nk
Federweg vorne/hinten:	140 / 100 mm		
Standrohrdurchmesser:	36 mm		

VF 750 C (RC 09) und VF 1100 C (SC 12)

Fahr lässig

Zeitgleich mit dem Tourensport-Modell VF 750 S präsentierte Honda ein Motorrad, das vor allem in Amerika für viel Aufsehen sorgte – die VF 750 C. Sie sollte die Fans des „American Way of Drive", die Chopperfahrer, für sich begeistern. Die Antriebsquelle war – dem Baukastenprinzip entsprechend – genau derselbe, nur 415 Millimeter breite Viertakt-V4-Motor wie im Tourensport-Modell mit 70 Millimetern Zylinderbohrung und 48,6 Millimetern Hub. Sein Ventilwinkel betrug 38 Grad, was eine günstige, weil flache Gestaltung des Vierventil-Brennraumes erlaubte. Die Durchmesser der Einlaßventile betrugen jeweils 26, die der Auslaßpartner je 23 Millimeter.

Die Einstellung der Ventile erfolgte ebenfalls über Einstellschrauben in den Gabelschlepphebeln, den Antrieb der beiden Nockenwellen pro Zylinderpaar übernahmen sogenannte Hydrochains, Zahnketten also, die durch automatische Kettenspanner ruhig gehalten wurden.

Kraß geändert präsentierten sich im Vergleich zur VF 750 S Tank und Benzinversorgung. Der scheinbare Tank faßte nur wenig Vorrat und beherbergte außerdem den voluminösen Luftfilterkasten. Der Zusatzspritbehälter befand sich unter der Sitzbank. Von ihm förderte eine elektrische Pumpe das Benzin zu den vier 32 Millimeter durchmessenden Gleichdruckvergasern.

Das Fahrwerk des Choppers basierte auf einem konventionell aufbereiteten Doppelschleifen-Stahlrohrrahmen, dessen rechter Rahmenunterzug zur einfachen Demontage des Motors abschraubbar war. Eine Besonderheit der Konstruktion war die in das Rahmen-Rückgrat integrierte Leitung der Motor-Wasserkühlung. Das über eine Kardanwelle angetriebene Hinterrad dämpfte und federte über eine Zweiarmschwinge mit zwei konventionell direkt am Rahmenheck angelenkten Federbeinen und nicht wie bei der VF 750 S über ein Zentralfederbein mit Hebelumlenkung. Für eine stilgerechte Optik reckten die Honda-Techniker den Lenkkopf um 0,5 auf 60 Grad, was im Verein mit der verlängerten Gabel mit 39 Millimetern Standrohrdurchmesser stattliche 1540 Millimeter Radstand ergab. Zum Ausgleich reduzierten die Fahrwerksbauer den Nachlauf um zwölf auf nunmehr 105 Millimeter. Diese Verkürzung erreichte man durch eine vorversetzte Radachse.

Im Fahrbetrieb wußte der VF 750 C-Pilot nebst seinem Beifahrer vor allem die kommode Unterbringung auf der nur 74 Zentimeter hohen Sitzbank zu schätzen. Fußrasten und Lenker waren richtig angeordnet, die Haltung war entsprechend entspannt. Ein Schmankerl in Sachen Bedienungskomfort war die leichtgängige Kupplung, deren Betätigung – erstmals bei einem Honda-Motorrad – wie bei der VF 750 S hydraulisch erfolgte. Ebenfalls ohne großen Kraftaufwand zu bedienen war das Sechsganggetriebe der V4-Maschine, das mit einem besonders lang ausge-

American Way of Drive: Die VF 750 C war eigentlich für den amerikanischen Markt gedacht, wurde aber auch in Deutschland angeboten. Die V45 Magna, wie sie in den USA hieß, besaß den Motor der VF 750 S und wie diese einen Kardanantrieb

legten sechsten Gang – dem sogenannten Overdrive – ausgestattet war.

Die Fahrleistungen des zunächst mit 75 PS vorgestellten, später jedoch mit 82 PS ausgelieferten Vierzylinder-Choppers lagen fast schon auf sportlichem Niveau. Stolze 187 km/h Spitzengeschwindigkeit registrierte die Lichtschranke der Zeitschrift MOTORRAD im Frühjahr 1982. Diesem vehementen Vorwärtsdrang wußte das Fahrwerk aber nur bedingt Gleichwertiges entgegenzusetzen. Über 140 km/h zeigten sich vor allem die beiden hinteren Federbeine überfordert, mußten sie neben Bodenunebenheiten gleichzeitig auch noch Kardanreaktionen verdauen. Deshalb war es ratsam, schnelle Biegungen konstant unter Zug zu durchfahren und keine unnötigen Lastwechsel zu provozieren.

Was für die 750er galt, fand bei der VF 1100 C erst recht Bedeutung. Der hubraumstärkste V4-Motor, den Honda jemals baute, verfügte über 79,5 Millimeter Bohrung und 55,3 Millimeter Hub. Daraus ergaben sich 1098 cm^3 Hubvolumen und in der offenen Version eine Leistung von 120 PS; gedrosselt für Deutschland verblieben immer noch 100 PS im drehmomentstarken Triebwerk.

Leistung im Überfluß boten jedenfalls beide Versionen im Fahrbetrieb. Doch was die Fahrstabilität anbelangte, kämpfte die weitaus stärkere und deutlich schwerere VF 1100 C mit noch mehr Problemen als

Das Monster: Mit knapp 1100 Kubikzentimetern Hubraum war die VF 1100 C die hubraumstärkste V4-Honda mit quer liegender Kurbelwelle. Gewaltige 120 PS in der ungedrosselten Version brachten das Fahrwerk an seine Grenzen

es die 750er schon tat. Vor allem im Bereich der Höchstgeschwindigkeit leitete der Fahrer über den breiten, übrigens in zwei Ebenen einstellbaren Hochlenker merklich Unruhe ins VF-Chassis ein.

Der Aufbau des Rahmens glich auf den ersten Blick weitgehend dem des 750er-Modells, doch versuchten hier stärkere Rohrverbände im Verein mit mehr Nachlauf und längerem Radstand Herr der gebotenen Fahrdynamik zu werden. Aufgrund von höherer Leistung und mehr Drehmoment fielen die auftretenden Kardanreaktionen bei der 1100er zwangsläufig viel stärker aus und erforderten eine besonders gefühlvolle Gashand in schnellen Kurven. Wie bei der 750er übernahmen auch bei der 1100er eine Doppelscheibenbremse vorn und eine Trommelbremse hinten die Verzögerungsaufgaben, die sie unter der Maßgabe des typischen, nicht allzu forschen Chopperfahrens befriedigend dosierbar und wirksam erfüllten.

Der Hammer: Mit 79,5 Millimetern Bohrung und 55,3 Millimetern Hub hatte der Vierzylinder der VF 1100 C allerbeste Voraussetzungen für viel Leistung und Drehmoment. Seine Durchzugsqualitäten waren beachtlich

Sitzposition und Fahrgefühl waren zwar eng mit der VF 750 C verwandt, doch der drehmomentstärkere Motor paßte merklich besser zum Konzept eines Choppers, stand doch bereits ab 3000/min reichlich Kraft zum lässigen Dahingleiten zur Verfügung. Wer seine Gashand etwas zügeln konnte und sowohl bei der VF 750 C als auch bei der VF 1100 C nicht ständig die Maximalleistung vom Motor und damit auch vom Fahrwerk forderte, konnte mit den laufruhigen und zuverlässigen Vierzylinder-Choppern zweifellos glücklich werden.

TECHNISCHE DATEN VF 750 C (RC 09)

MOTOR

Bohrung x Hub:	70 x 48,6 mm
Hubraum:	748 cm^3
Verdichtung:	10,5 : 1
Leistung:	63 kW (86 PS) bei 9 500/min
Drehmoment:	66 Nm bei 7 500/min

GEMISCHAUFBEREITUNG

Typ:	Vier Keihin-Vergaser VD 62 A
Durchlaß:	32 mm
Hauptdüse:	128
Leerlaufdüse:	60

KRAFTÜBERTRAGUNG

Primärübersetzung: 1,736 / 1. Gang: 2,294 / 2. Gang: 1,619 / 3. Gang: 1,291 / 4. Gang: 1,074 / 5. Gang: 0,896 / 6. Gang: 0,750 / Sekundärübersetzung: 1,187 x 3,181

FAHRWERK

Radstand:	1 540 mm
Lenkkopfwinkel:	60 Grad
Nachlauf:	105 mm
Federweg vorne / hinten:	140 / 100 mm
Standrohrdurchmesser:	37 mm
Felgengröße vorne / hinten:	2.50 x 18˝ 3.00 x 16˝
Reifengröße vorne:	110/90-18 61H
hinten:	130/90-16 67H
Bremsen vorne:	245-mm-Doppelscheibe
hinten:	160-mm-Trommel

ELEKTRISCHE ANLAGE

Zündkerzen:	NGK DPR8EA-9, ND X24EPR-U9
Generatorleistung:	350 W / 5 000/min
Batteriekapazität:	12 V / 14 Ah

MASSE, GEWICHTE UND FÜLLMENGEN

Tankinhalt / Reserve:	14 / 4,5 Liter
Kraftstoffart:	Normalbenzin mind.91 ROZ
Motorölmenge:	3,0 Liter
Kühlflüssigkeit:	2,8 Liter
Gabelöl links / rechts:	390 / 405 cm^3
Leergewicht vollgetankt:	236 kg
L x B x H:	2 270 x 815 x 1 195 mm
Sitzhöhe:	740 mm

HÖCHSTGESCHWINDIGKEIT:	187 km/h
PREIS 1982:	9 173 Mark inkl. Nk

TECHNISCHE DATEN VF 1100 C (SC 12)

MOTOR

Bohrung x Hub:	79,5 x 55,3 mm
Hubraum:	1 098 cm^3
Verdichtung:	10,5 : 1
Leistung:	74 kW (100 PS) bei 8 500/min
Drehmoment:	90 Nm bei 7 000/min

GEMISCHAUFBEREITUNG

Typ:	Vier Keihin-Vergaser VD 80 A
Durchlaß:	33,2 mm
Hauptdüse:	v: 118 / h: 120
Leerlaufdüse:	38

KRAFTÜBERTRAGUNG

Primärübersetzung: 1,707 / 1. Gang: 2,294 / 2. Gang: 1,619 / 3. Gang: 1,291 / 4. Gang: 1,074 / 5. Gang: 0,896 / 6. Gang: 0,750 / Sekundärübersetzung: 1,0 x 3,181

FAHRWERK

Radstand:	1 595 mm
Lenkkopfwinkel:	59 Grad 40'
Nachlauf:	105 mm
Federweg vorne / hinten:	160 / 115 mm
Standrohrdurchmesser:	41 mm
Felgengröße vorne / hinten:	2.50 x 18˝ 3.50 x 16˝
Reifengröße vorne:	110/90 V 18 TL
hinten:	140/90 V 16 TL
Bremsen vorne:	276-mm-Doppelscheibe
hinten:	296-mm-Einzelscheibe

ELEKTRISCHE ANLAGE

Zündkerzen:	NGK DPR8EA-9
Generatorleistung:	350 W / 5 000/min
Batteriekapazität:	12 V / 14 Ah

MASSE, GEWICHTE UND FÜLLMENGEN

Tankinhalt / Reserve:	17 / 3,5 Liter
Kraftstoffart:	Normalbenzin mind.91 ROZ
Motorölmenge:	3,25 Liter
Kühlflüssigkeit:	3,45 Liter
Gabelöl links / rechts:	580 / 565 cm^3
Leergewicht vollgetankt:	266 kg
L x B x H:	2 340 x 750 x 1 180 mm
Sitzhöhe:	805 mm

HÖCHSTGESCHWINDIGKEIT:	210 km/h
PREIS 1982:	12 178 Mark inkl. Nk

VF 750 F (RC 15)

Galopper des Jahres

Ende 1982 legte Honda nach. Das Tourensportmodell VF 750 S und die daraus abgeleiteten Chopper-Varianten allein konnten die Ansprüche der Käuferschaft nicht voll befriedigen. Eine zusätzliche Sport-Version mußte her. Vor dem Hintergrund einer von der FIM beschlossenen Änderung des Endurance-Reglements, das ab 1984 nur noch 750er-Viertakter zuließ, entschieden sich die japanischen Techniker denn auch zur Entwicklung einer für den Rennsport tauglichen Basismaschine mit Straßenzulassung in der ohnedies imageträchtigen 750er-Klasse.
Grundlage der neuen VF 750 F bildete wiederum ein wassergekühlter V-Vierzylinder mit 90 Grad Zylinderwinkel und null Grad Hubzapfenversatz – soweit also nichts Neues gegenüber den bislang produzierten Modellen. Ebenso wenig wie der Hubraum von 748 Kubikzentimetern, der sich nach wie vor aus 70 Millimetern Bohrung und 48,6 Millimetern Hub errechnete. Neu hingegen war das kompaktere Motorgehäuse mit dem nun nicht mehr waagerecht liegenden, sondern leicht nach oben gekippten vorderen Zylinderpaar, was unter anderem eine Reduzierung des Radstandes, aber auch eine Verbesserung der Schwerpunktlage zuließ. Im Zuge der Modellpflege spendierte Honda dem neuen Triebwerk Nockenwellen mit drei Grad längeren Einlaß- und um fünf Grad verschärften Auslaßsteuerzeiten. Ein Viertelmillimeter zusätzlicher Ventilhub rundete das Paket zur Leistungssteigerung ab. Für verbesserte Standfestigkeit sorgte hochwertigeres Material für die Nockenwellen sowie Zylinderkopfdichtungen mit vergrößerter Auflagefläche.
Darüber hinaus nahm sich die Crew um Entwicklungschef Hiroshi Kameyama der Beatmung des 90-Grad-Treibsatzes an. So bezog der Motor seine Frischluft nun aus einem voluminösen Luftfilterkasten unter dem 22-Liter-Treibstofftank. Die Abgase entwichen in eine im Volumen vergrößerte 4-in-2-Auspuffanlage mit Vorschalldämpfer.
Diese Leistungskur verhalf dem Aggregat zu nominell 90 PS bei 10000/min und machte die VF 750 F mit gemessenen 216 km/h zur schnellsten 750er auf dem Markt. Noch mehr als die schiere Spitzenleistung beeindruckte aber der füllige Drehmomentverlauf, der selbst schaltfaule Fahrweise zum Genuß werden ließ. Dementsprechend bemängelte auch kein Fachjournalist das gut zu schaltende Getriebe mit fünf Gängen, wo die Konkurrenz doch teilweise sechs Gangstufen bot.
Einher ging mit der Anhebung der Motorleistung eine Reduzierung des Maschinengewichtes. Erreicht wurde dies durch Ketten- statt Kardanantrieb zum Hinterrad sowie durch genietete Comstar-Räder anstelle von Gußrädern. Insgesamt fünf Kilogramm sparten die japanischen Ingenieure auf diese Weise gegenüber der VF 750 S ein.

Der erste Super-Sportler: Die VF 750 F setzte mit 90 PS aus 750 Kubikzentimetern Hubraum Ende 1982 neue Maßstäbe im Motorradbau. Dies empfanden auch 71 444 Leser von MOTORRAD so und wählten die neue Honda zum »MOTORRAD des Jahres 1982«

Völlig neue Wege beschritt Honda auch beim Fahrwerk. Vorne drehte sich zur Verbesserung der Handlichkeit ein 16-Zoll-Rad mit breiter 120/80-Bereifung, hinten arbeitete ein 18 Zoll durchmessendes Rad mit einem 130/80-Pneu. Angelehnt an die im Grand-Prix-Sport erfolgreiche 500er Werks-Honda, präsentierte sich der Doppelschleifenrahmen aus Vierkantrohr gefertigt. Was auf den ersten Blick allerdings wie ein superleichtes Alu-Rohrwerk wie bei der Rennmaschine anmutete, entpuppte sich als solide, gleichfalls aber auch stolze 18 Kilogramm schwere Stahlkonstruktion.

Das Ziel, eine extrem sportliche Maschine zu bauen, erreichten die Honda-Ingenieure mit der VF 750 F zwar nur zum Teil, denn mit 248 Kilogramm fahrfertigem Gewicht geriet die neue V4-Honda einmal recht schwer und zum anderen benahm sich der Sportler aufgrund des kleinen 16-Zoll-Vorderrades in Kurven etwas kippelig und sensibel. Gleichwohl wählten 71 444 Leser der Zeitschrift MOTORRAD die VF 750 F kurz nach ihrer Präsentation auf der Kölner Ifma im Herbst 1982 zum »Motorrad des Jahres 1982«. Die Gunst des Volkes hatte Honda jedenfalls getroffen.
In Vergleichstests mit den 750er-Boliden der Kon-

kurrenz schnitt die VF 750 F indes immer nur mittelmäßig ab. Die bereits erwähnte Kippeligkeit brachte ihr Punktabzüge im Fahrwerksbereich ein. Ebenso häufig monierten die Tester das hohe Lastwechselspiel im Antriebsstrang, was bei Gaswechseln insbesondere in Kurven für zusätzliche leichte Unruhe sorgte. Der Kritik zum Opfer fiel auch der im Vergleich mit anderen Maschinen dieses Kalibers enorme Wartungsaufwand. Wollten beispielsweise die Ventile eingestellt werden, mußte nicht nur der Tank, sondern auch der obere Wasserkühler demontiert werden. Viel Aufwand also für eine Arbeit, die sich wegen der Gabelschlepphebel mit Einstellschrauben eigentlich schnell und mühelos erledigen ließ.

Von diesen neuralgischen Punkten abgesehen offerierte die VF 750 F zu dieser Zeit aber zweifellos die modernste Art der Fortbewegung mit 750 cm^3 Hubraum. Gelobt wurden die sportliche aber dennoch entspannte Sitzposition sowie die Tatsache, daß die VF 750 F trotz aller Sportambitionen soziustauglich geblieben war und auch längere Touren streßfrei ermöglichte. Gleichermaßen für Sport und Tour, für gute Straßen und schlechte Pisten, taugten die Federelemente. Besonders die Showa-Gabel mit 39 Millimetern Standrohrdurchmesser brillierte mit einer harmonischen Abstimmung. Sensibles Ansprechen der mit dreifach einstellbarer Zugstufendämpfung und via Luftpolster variierbarer Federhärte ausgestatteten Radführung paarte sich mit genügend straf-

Teilweise heiter: Den 50 000 Kilometer-Dauertest bei MOTORRAD absolvierte die VF 750 F im Grunde problemlos. Erst beim Zerlegen des Triebwerkes traten unerwartet schwerwiegende Schäden zu Tage

fer Dämpfung für den Sporteinsatz. Belächelt wurde von der Journaille aber immer wieder das Anti-Dive-System, das Honda ja an vielen verschiedenen Modellen verbaute. Es sollte beim Bremsen das übermäßige Eintauchen der Frontpartie verhindern, funktionierte in der Praxis aber nicht spürbar. Bei diesem System war der linke Zweikolben-Schwimmsattel der übrigens hochwirksamen Doppelscheibe drehbar gelagert und betätigte beim Bremsvorgang einen Hydraulikkolben, der wiederum eine Bohrung für den Durchfluß des Dämpferöles verengte. Dadurch verstärkte sich die Druckstufendämpfung der Gabel, was zu einem verlangsamten, aber keinesfalls zu einem geringeren Einfedern führte. Im Grunde also eine unnötige technische Spielerei, auf die man getrost hätte verzichten können.

Weit weniger vor Kritik gefeit als die Gabel war hingegen das Federbein mit vierfach justierbarer Zugstufendämpfung. Die Federhärte ließ sich zwar mittels befüllbarem Luftpolster den jeweiligen Erfordernissen anpassen und sollte so Spielraum zur individuellen Abstimmung eröffnen, aber im Fahrbetrieb kam das aufwendig konzipierte Bauteil über eine durchschnittliche Pflichterfüllung nie hinaus. Die beiden Auspuffkrümmer des hinteren Zylinderpaares heizten das Dämpferöl so stark auf, daß schon bei zügiger, keinesfalls aber rennmäßiger Gangart Schaumbildung im Dämpferkörper erfolgte und die Dämpfung rasch nachließ. Ein konstruktiv bedingter Mangel, der sich übrigens bei vielen weiteren V4-Modellen immer wieder zeigte. Gerade für den Sporteinsatz rüsteten viele Piloten die VF 750 F daher mit einem anderen Federbein aus, das über größere Reserven verfügte.

Doch mehr als ein perfekt funktionierendes Federbein interessierte den Alltagsfahrer die Zuverlässigkeit seiner VF 750 F. Und in diesem Punkt war es um die neue Honda nicht immer gut bestellt. Reihenweise traten in der Anfangsphase Nockenwellenschäden auf, verursacht durch eine wenig geglückte Reibpaarung von Schlepphebel und Nocken. Besonders unter Streß standen die Reibpartner in der Kaltlaufphase, wenn die Ölpumpe noch nicht genug Schmierstoff hinauf in die Zylinderköpfe befördert hatte. Einlaufspuren sowie Härteausbrüche (Pitting) waren die Folge. Honda reagierte im Rahmen einer groß angelegten Umrüstaktion, die nicht nur die VF 750 F, sondern auch die Modelle VF 1000 F und VF 1000 R betraf. Jede Maschine wurde, soweit sie nicht bereits vom Werk aus mit den neuen Nockenwellen samt Schlepphebeln ausgestattet war, kostenlos umgerüstet. Ein ovaler weißer Aufkleber auf der oberen Gabelbrücke identifizierte damals die so umgerüsteten Motorräder. Betroffen von diesen Mängeln waren Maschinen der Fahrgestellnummern RC 15-2000001 bis 2199999 des Jahrgangs 1983 und 1984. Abhilfe schafften folgende Neuteile: Nockenwellen (14111-MB2-010, 14121-MB2-020, 14131-MB2-010, 14141-MB2-020), Ölsteigrohr (B 12240-MB2-000), Ölkontrollschraube (90045-MB2-000).

Angefressen: Die Kolben des hinteren Zylinderpaares wiesen starke Freßspuren auf, was auf Überhitzung und Schmiermangel hindeutete. Diese kapitalen Schäden blieben aber die Ausnahme

Weit schlimmer als mit den besagten Nockenwellenschäden kam es allerdings für die Langstreckentest-Maschine der Zeitschrift MOTORRAD. Nicht nur, daß der Ventiltrieb erwartungsgemäß in Mitleidenschaft gezogen worden war. Auch die Kolben des hinteren Zylinderpaares wiesen starke Riefenbildung auf, was auf Überhitzung und Schmiermangel hindeutete. Wie

Schlepp-GAU: Die größte anzunehmende Untugend offenbarten einmal mehr die Schlepphebel und Nockenwellen. Nicht nur bei der MOTORRAD-Dauertestmaschine neigten sie zur bereits von der VF 750 S bekannten Pitting-Bildung

man heute weiß, waren diese kapitalen Schäden jedoch genauso selten, wie die vereinzelt aufgetretenen Pleuellagerschäden auf dem linken Hubzapfen. Die 50000-Kilometer-Distanz absolvierte die MOTORRAD-VF 750 F im Grunde sehr problemlos. Erst beim Zerlegen des Triebwerkes entdeckten die Redakteure die starken Beschädigungen.

Die relativ kurze Produktionszeit der VF 750 F von 1983 bis 1985 wurde für Honda zum teuren Spaß, zumal, wie schon gesagt, auch andere Modelle mit diesen technischen Schwierigkeiten zu kämpfen hatten. Das völlig ramponierte Image führte bei Honda letztlich zur Einführung der Zweijahresgarantie für

Sehr stabil: Der Doppelschleifen-Stahlrahmen aus Vierkantrohren war eine solide Konstruktion und nahm Anleihen an der ersten V4-Rennmaschine FWS 1000. Mit circa 18 Kilogramm Gewicht geriet er aber recht schwer

Maschinen mit mehr als 400 Kubikzentimetern Hubraum, um die Scharte bei der Kundschaft wieder auszumerzen.
Wer heute eine VF 750 F kaufen möchte, ist trotz all dieser unerfreulichen Punkte keinesfalls schlecht beraten. Die Technik ist mittlerweile standfest, und es empfiehlt sich beim Kauf neben der preislichen Würdigung eines guten Allgemeinzustandes lediglich ein Blick unter den hinteren Ventildeckel. Klagt die Honda dort nicht über Kopfschmerzen, hat sie nicht nur das Zeug dazu, ihrem Fahrer viele schöne Kilometer zu bescheren, sondern sogar gute Anlagen, einmal ein Klassiker zu werden. Schließlich war es im Herbst 1982 die VF 750 F, die die Ära der supersportlichen 750er mit ihrem wassergekühlten V4 einläutete.

TECHNISCHE DATEN VF 750 F (RC 15)

MOTOR	
Bohrung x Hub:	70 x 48,6 mm
Hubraum:	748 cm^3
Verdichtung:	10,5 : 1
Leistung:	66 kW (90 PS) bei 10 000/min
Drehmoment:	73 Nm bei 7 500/min
GEMISCHAUFBEREITUNG	
Typ:	Vier Keihin-Vergaser VD 61 B
Durchlaß:	30 mm
Hauptdüse:	vorne 112,5 / hinten 110
Leerlaufdüse:	38
KRAFTÜBERTRAGUNG	
Primärübersetzung:	2,151
1. Gang:	2,733
2. Gang:	1,894
3. Gang:	1,500
4. Gang:	1,240
5. Gang:	1,037
6. Gang:	
Sekundärübersetzung:	2,588
FAHRWERK	
Radstand:	1 495 mm
Lenkkopfwinkel:	61 Grad 50'
Nachlauf:	96 mm
Federweg vorne / hinten:	140 / 110 mm
Standrohrdurchmesser:	39 mm
Felgengröße vorne / hinten:	2.50 x 16"
	3.50 x 18"
Reifengröße vorne:	120/80 V 16
hinten:	130/80 V 18
Bremsen vorne:	276-mm-Doppelscheibe
hinten:	296-mm-Einzelscheibe
ELEKTRISCHE ANLAGE	
Zündkerzen:	NGK DPR8EA-9
Generatorleistung:	350 W / 5 000/min
Batteriekapazität:	12 V / 14 Ah
MASSE, GEWICHTE UND FÜLLMENGEN	
Tankinhalt / Reserve:	22 / 4 Liter
Kraftstoffart:	Normalbenzin mind. 91 ROZ
Motorölmenge:	3,0 Liter
Kühlflüssigkeit:	3,0 Liter
Gabelöl links / rechts:	370 / 350 cm^3
Leergewicht vollgetankt:	248 kg
L x B x H:	2 210 x 770 x 1 215 mm
Sitzhöhe:	810 mm
HÖCHSTGESCHWINDIGKEIT:	216 km/h
PREIS 1983:	9 653 Mark inkl. Nk

VF 500 F/FII (PC 12)

Leicht-Gedicht

Knapp ein Jahr nach dem Knaller in der Dreiviertelliter-Klasse landete Honda auch im Mittelklasse-Segment der 500er und 600er einen ganz großen Wurf. VF 500 F hieß die leichte und überaus sportliche Maschine, deren gesamtes Konzept direkt an die VF 750 F angelehnt war. Halbschalenverkleidung, Motorspoiler, Vierkantrohrrahmen und letztlich der wassergekühlte V4-Motor stempelten sie unverwechselbar zur kleinen, aber noch sportlicheren Schwester der VF 750 F. Unterstrichen wurde dieser optische Sportanspruch aber von knallharten Fakten. Nur 201 Kilogramm brachte die 500er vollgetankt auf die Waage, und von den versprochenen 70 PS Spitzenleistung versammelten sich bei der ersten MOTORRAD-Leistungsmessung immerhin echte 67 auf dem Prüfstand. Zweifellos bereits auf dem Papier also eine reizvolle und Sportlichkeit verheißende Form.

Auch in den tiefen des Motorgehäuses fanden sich klare Verwandtschaftsverhältnisse zur VF 750 F. Wie gehabt auch dort 90 Grad Zylinderwinkel, null Grad Hubzapfen- und 360 Grad Zündversatz. Gezündet wurde gleichfalls über zwei Spulen pro Zylinderpaar, und die Gemischaufbereitung übernahmen entsprechend zu den bisherigen Modellen vier Gleichdruckvergaser mit zunächst 29 Millimetern Durchlaß. Dem drastisch angehobenen Drehzahlniveau gegenüber der 750er trug das eng gestufte Sechsganggetriebe Rechnung, denn der kleine V4-Treibsatz drehte glatte 2000/min höher als jener der VF 750 F. Anders als über diese Drehzahlsteigerung wäre der Leistungsrekord in der 500er-Klasse sonst nie zustande gekommen.

Im Fahrbetrieb wußte die VF 500 F ihren Renncharakter aber trefflich zu kaschieren, denn bereits ab 2000/min hing der ultrakurzhubige V4 willig am Gas und ermöglichte lochfreies Beschleunigen. Den richtigen Biß entwickelte der wassergekühlte Motor aber erst bei fünfstelligen Drehzahlen. War die 10 000er-Markierung auf dem Drehzahlmesser erst einmal überschritten, brannte der Vierzylinder ein wahres Feuerwerk ab und verwöhnte mit superben Fahrleistungen. Bis über 12 000/min stellte er reichlich Leistung zur Verfügung und versprühte aufgrund der geringeren Schwungmassen weit mehr sportliches Flair als die durchzugsstärkere, aber auch etwas trägere VF 750 F.

Der vom Motor geforderten sportlichen Gangart hatte das Chassis der VF 500 F entsprechendes entgegenzusetzen. Trotz kleinem 16-Zoll-Vorderrad stimmte der Kompromiß aus Fahrstabilität und Handlichkeit und verhalf im Verein mit dem stabilen Rahmen und der geglückten Feder-/Dämpferabstimmung zu einem großen sportlichen Vergnügen. Bereits nach den ersten Tests der Fachzeitschriften stand fest: Wer eine wirklich sportliche V4-Honda suchte, mußte zur 500er und nicht zur 750er greifen.

Das sah auch Honda selbst ein und wertete die

Betont sportlich: Die VF 500 F2 war neben der VF1000 R die erste V4-Honda mit serienmäßiger Vollverkleidung. Der 70 PS starke Vierzylinder glänzte mit hemmungsloser Drehfreude. Gleichfalls bot er überraschende Durchzugsqualitäten

VF 500 F mittels supersportlicher Vollverkleidung zur VF 500 FII auf. Dadurch stieg nicht nur der Image-Faktor des mit 499 cm^3 Hubraum eben lediglich Mittelklasseformat besitzenden Motorrades, sondern auch die Höchstgeschwindigkeit nochmals. Enorme 205 gegenüber 202 km/h verzeichnete die Lichtschranke bei der MOTORRAD-Messung auf der Hockenheimer Waldgeraden vor der Ostkurve. Wahrlich ein Spitzenwert für eine 500er.
Doch die Freude an der so harmonischen VF 500 F und der noch attraktiveren FII-Version blieb nicht ungetrübt. Wie bei der VF 750 F und den 1000er-Modellen machten auch hier Materialmängel in Form von Motorschäden negative Schlagzeilen in der Presse. Im Gegensatz zu den großvolumigen Modellen war es aber nicht der Ventiltrieb, der Ärger verursachte, sondern die Kurbelwelle. Von Honda bei der Vorstellung der VF 500 F noch als Meilenstein des Motorenbaus angepriesen, zeigte das Bauteil in den Maschinen der ersten Serie enorme Schwachstellen. Die mittels Computer errechnete Kurbelwellen-Konstrutktion war zwar leicht, aber auch instabil geraten. Brüche im Bereich der Kurbelwangen waren die bittere Folge. Im Zuge einer wie bei der VF 750 F und den Modellen mit 1000 Kubikzentimetern Hubraum groß angelegten Rückrufaktion tauschte Honda die Wellen auf Garantie beziehungsweise Kulanz gegen modifizierte Teile aus. Betroffen hiervon waren die

Modelle mit den Nummern PC 12-2000001 bis 2099999 sowie PC 12-4000001 bis 4099999.
Gleichzeitig flossen für das Modelljahr 1985 weitere technische Änderungen ein, die letztlich zwei Ziele verfolgten. Mehr Kraft im unteren Drehzahlbereich und eine Absenkung der Spitzendrehzahl. Die Honda-Ingenieure realisierten dies über kleinere Vergaser mit nun 27 statt wie bisher 29 Millimeter. Außerdem verlängerten sie die Sekundärübersetzung von 15 zu 43 auf 15 zu 41 Zähne. Die kleineren Vergaser kosteten etwa zwei PS Leistung, obwohl Honda immer noch von 70 PS sprach. In der Praxis war der Verlust an Temperament jedenfalls kaum zu spüren und die VF 500 F heimste in der Berichterstattung nach wie vor gute Noten ein.
Obwohl technisch wie optisch stark an die VF 750 F angelehnt, war die VF 500 ganz anderen Geistes Kind. Entwickelt wurde sie aus der VF 400 F, die von Honda in Deutschland offiziell nie angeboten wurde. Lediglich Motorrad-Spaett in München importierte die mit gemessenen 53 PS sagenhaft starke 400er in kleinen Stückzahlen zum Preis von 7998 Mark.
Der Motor war bis auf das Bohrung-Hub-Verhältnis und die Übersetzungen des Sechsganggetriebes weitgehend mit dem späteren 500er-V4 identisch. Allerdings produzierte er seine Spitzenleistung erst bei 12300/min und zeigte sich demnach noch drehfreudiger, wenn auch mit spitzerer Charakteristik. Lediglich mit einer kleinen Lenkerverkleidung als aerodynamischem Hilfsmittel bewehrt, rannte die VF 400 F mit strammen 185 km/h bei astronomischen 13000/min durch die Hockenheimer Lichtschranke. Allemal ein respektabler Wert für eine 400er, der sich mit einer kürzeren Endübersetzung sogar noch hätte steigern lassen. Beim Hochschalten vom fünften in den sechsten Gang fiel die Drehzahl nämlich stark ab.
Trotz der hohen Literleistung von 132 PS benahm sich das kleine Triebwerk überaus zivil und über-

Etwas biederer: Nur die Halbschalenverkleidung und der günstigere Preis unterscheideten die VF 500 F von der F2-Version. In technischer Hinsicht waren beide Modelle völlig identisch

Der Ur-Zwerg: Mit der in Deutschland offiziell nie angebotenen VF 400 F startete Honda 1983 die Produktion der kleinen V4-Motoren. 1984 wurde sie von der VF 500 F aber in jeder Hinsicht übertrumpft

raschte, wie später auch das 500er-Triebwerk, mit guten Durchzugswerten.

Völlig anders als der an die VF 750 F angelehnte Rahmen der VF 500 F präsentiert sich indes das Rohrwerk der VF 400 F. Nach demselben Muster zwar als Doppelschleifen-Brückenrahmen aus Stahl gefertigt, wiesen die Rohre aber in konventioneller Manier einen runden anstatt eckigen Querschnitt auf. Der Stabilität tat dies jedoch keinen Abbruch. Wie generell alle V4-Chassis war auch jenes Stahlfahrwerk eines von der steifen Sorte. Gute Federelemente und tolle Handlingqualitäten beflügelten die Fahrer im Landstraßenbetrieb geradezu.

Trotzdem die VF 400 F bereits ein sehr gutes und ausgereiftes Motorrad war, konnte die VF 500 F ein Jahr später alles noch ein bißchen besser. Mehr Leistung und Drehmoment sowie bessere Bremsen waren die entscheidenden Punkte, weshalb die VF 500 F lange Zeit nicht nur auf der Straße ein gefragtes Sportmotorrad war. Auch im Rennsport heimste die VF 500 F Lorbeer ein, denn mit dem Kit der Honda-Rennabteilung HRC bestückt, bot sie erstklassige Voraussetzungen für Siege in der 500er-Viertakt-Klasse. Einer der berühmtesten Fahrer: Helmut Bradl, der spätere Grand-Prix-Pilot. Auch er erkannte frühzeitig das ausgeprägte Sporttalent der VF 500 F.

TECHNISCHE DATEN VF 500 F / FII (PC 12)

MOTOR

Bohrung x Hub:	60 x 44 mm
Hubraum:	498 cm^3
Verdichtung:	11 : 1
Leistung:	52 kW (70 PS) bei 11 500/min
Drehmoment:	43 Nm bei 10 500/min

GEMISCHAUFBEREITUNG

Typ:	Vier Keihin-Vergaser VD 56 B
Durchlaß:	29 (27) mm
Hauptdüse:	v: 92 / h: 90
Leerlaufdüse:	38

KRAFTÜBERTRAGUNG

Primärübersetzung: 2,057 / 1. Gang: 3,307 / 2. Gang: 2,352 / 3. Gang: 1,850 / 4. Gang: 1,545 / 5. Gang: 1,333 / 6. Gang: 1,153 / Sekundärübersetzung: 2,866

FAHRWERK

Radstand:	1 420 mm
Lenkkopfwinkel:	63 Grad
Nachlauf:	101 mm
Federweg vorne / hinten:	140 / 115 mm
Standrohrdurchmesser:	37 mm
Felgengröße vorne / hinten:	2.50 x 16″ 2.75 x 18″
Reifengröße vorne:	100/90-16 61H
hinten:	110/90-18 54H
Bremsen vorne:	256-mm-Doppelscheibe
hinten:	256-mm-Einzelscheibe

ELEKTRISCHE ANLAGE

Zündkerzen:	NGK DPR8EA-9
Generatorleistung:	260 W / 5 000/min
Batteriekapazität:	12 V / 12 Ah

MASSE, GEWICHTE UND FÜLLMENGEN

Tankinhalt / Reserve:	16,5 / 4 Liter
Kraftstoffart:	Normalbenzin mind. 91 ROZ
Motorölmenge:	3,0 Liter
Kühlflüssigkeit:	1,7 Liter
Gabelöl links / rechts:	335 / 320 cm^3
Leergewicht vollgetankt:	201 (202 FII) kg
L x B x H:	2 115 x 760 x 1 175 mm
Sitzhöhe:	800 mm

HÖCHSTGESCHWINDIGKEIT:	202 (205 FII) km/h
PREIS 1984:	8 678 (9 618 FII) Mark inkl. Nk

TECHNISCHE DATEN VF 400 F

MOTOR

Bohrung x Hub:	55 x 42 mm
Hubraum:	399 cm^3
Verdichtung:	11 : 1
Leistung:	39 kW (53 PS) bei 12 300/min
Drehmoment:	36 Nm bei 9 500/min

GEMISCHAUFBEREITUNG

Typ:	Vier Keihin-Vergaser VD 56 B
Durchlaß:	27 mm
Hauptdüse:	85
Leerlaufdüse:	38

KRAFTÜBERTRAGUNG

Primärübersetzung: 2,057 / 1. Gang: 3,307 / 2. Gang: 2,352 / 3. Gang: 1,850 / 4. Gang: 1,545 / 5. Gang: 1,333 / 6. Gang: 1,153 / Sekundärübersetzung: 3,000

FAHRWERK

Radstand:	1 415 mm
Lenkkopfwinkel:	63,5 Grad
Nachlauf:	91 mm
Federweg vorne / hinten:	140 / 108 mm
Standrohrdurchmesser:	35 mm
Felgengröße vorne / hinten:	2.15 x 16″ 2.50 x 18″
Reifengröße vorne:	100/90-16 61H
hinten:	110/90-18 54H
Bremsen vorne:	226 mm-Doppelscheibe
hinten:	226 mm-Einzelscheibe

ELEKTRISCHE ANLAGE

Zündkerzen:	NGK DP8EA-9
Generatorleistung:	260 W / 5 000/min
Batteriekapazität:	12 V / 12 Ah

MASSE, GEWICHTE UND FÜLLMENGEN

Tankinhalt / Reserve:	16,5 / 3,5 Liter
Kraftstoffart:	Superbenzin mind. 98 ROZ
Motorölmenge:	3,0 Liter
Kühlflüssigkeit:	2,0 Liter
Gabelöl links / rechts:	300 / 285 cm^3
Leergewicht vollgetankt:	194 kg
L x B x H:	2 060 x 700 x 1 150 mm
Sitzhöhe:	790 mm

HÖCHSTGESCHWINDIGKEIT:	185 km/h
PREIS 1984:	7998 Mark inkl. Nk

VF 1000 F und VF 1000 F2 (SC 15)

Freut euch des Bebens

Auf den ersten Blick kaum von der VF 750 F zu unterscheiden war ein weiteres Motorrad, das 1984 Furore machte: die VF 1000 F. Ihr Konzept war ganz eng an das des Dreiviertelliter-Sportlers angelehnt und wollte gleichermaßen sportliche wie touristische Ansprüche erfüllen. Das Rezept war denkbar einfach: Man nehme eine VF 750 F und verpasse ihr einen vollen Liter Hubraum. Ganz so einfach, wie es sich hier liest, war es zwar nicht realisiert worden, aber die verwandtschaftlichen Ähnlichkeiten waren doch enorm.

Das begann beim Motor: Die Gehäuse von VF 750 F und VF 1000 F waren praktisch identisch. Größere Zylinderbohrungen mit 77 Millimetern Durchmesser und Kolbenhübe von 53,6 Millimetern ergaben letztlich nicht 748, sondern 998 Kubikzentimeter Hubraum. Entsprechend baugleich waren denn auch die Aufhängungspunkte des Triebwerkes im Rahmen. Einmal vorne und einmal hinten war der Motorblock mittels einer Steckachse und zweier Schrauben mit dem Rahmen verbunden. Eine weitere Steckachse führte durch den hinteren Zylinderkopf, zwei weitere Schrauben nebst Dreiecksblechen stabilisierten die Motoraufhängung im Bereich des hinteren Zylinderkopfes nochmals. Ausschließlich die Befestigungen am hinteren Zylinderkopf unterscheiden sich durch den um fünf Millimeter längeren Hub von denen an der VF 750 F.

Minimale Unterschiede auch am Rahmen, der auf den ersten Blick identisch wirkte. Der linke Rahmenunterzug war zwar ebenfalls abschraubbar, fungierte im Vergleich zur 750er aber auch noch als Wasserleitung. Diese verbanden den zweiten kleinen Wasserkühler in der rahmenfest montierten Halbschalenverkleidung mit der Wasserpumpe. Die VF 750 F beherbergte ihren zweiten Radiator hingegen vor dem Motor in dem kleinen Motorspoiler. Zugunsten besserer Anströmung verbauten ihn die Honda-Techniker um den Entwicklungschef der V4-Baureihe, Soichiro Irimajiri, aber in der Verkleidungsnase.

Größere Unterschiede herrschten hingegen im Hinblick auf die gebotene Fahrdynamik, denn der V4 stellte Anfang 1984 in puncto Leistung und Drehmoment weitgehend alles im Großserienbau bislang Produzierte regelrecht in den Schatten. Nominell für Europa mit 116 PS und für die USA aufgrund restriktiverer Abgasgrenzwerte immer noch mit 113 PS homologiert, eröffnete die VF 1000 F Fahrleistungen von bis dato nicht gekanntem Ausmaße – auf der Straße wohlgemerkt. Respektable 239 km/h legte die MOTORRAD-Testmaschine im März 1984 auf den Hockenheimer Asphalt und beschleunigte in 13,8 Sekunden auf 200 km/h. Fürwahr phänomenale Werte, hat man die damaligen Standards vor Augen.

Noch beeindruckender als die schiere Spitzenleistung war aber die Art und Weise, wie der wassergekühlte V4 seine Power darbot. Noch unter 2000/min durften die Drosselklappen der vier Keihin-

Das erste Big Bike: 1984 knüpfte Honda mit der VF 1000 F nahtlos an das Konzept der VF 750 F an. Fahrwerk, Motor und Design lehnten sich stark an die 750er an. Die Motorcharakteristik war ausgesprochen bullig

Gleichdruckvergaser mit 36 Millimetern Durchlaß schlagartig geöffnet werden, ohne daß der V4 mit Schluckbeschwerden reagierte. Bis hinauf auf 10800/min zog er scheinbar gleichmäßig, aber nachdrücklich. Das Fehlen jeglichen spürbaren Leistungsanstiegs wurde mancherorts von den Testern zwar mit »langweilig« kommentiert, brachte in der Praxis aber nennenswerte Vorteile. Den richtigen Gang eingelegt zu haben, war selbst im Zweipersonenbetrieb nicht besonders wichtig – Leistung war schließlich bei jeder Drehzahl verfügbar. Genau diese Charakteristik war es, die dem V4-Konzept seinerzeit viel Lorbeer einbrachte. Es war der perfekte Sport- und Tourenmotor zugleich. Maximale Werte für Spitzenleistung und Drehmoment paarten sich mit absolut homogener Entfaltungsart. Was wollte man mehr?

Wie die VF 750 F, brachten auch die VF 1000 F die bereits erwähnten Nockenwellenschäden arg in Verruf. Außerdem sorgten Bearbeitungsrückstände im Kühlkreislauf für defekte Wasserpumpendichtungen. Hiervon betroffen waren Modelle bis zur Fahrgestellnummer SC15-2099999. Die Werkstätten waren damals angehalten, die Gehäuse nach der Vorschrift TI-M/C 7/84016 mit Wasser und Pressluft zu reinigen. So mancher nahm vom bereits fest geplanten VF-Kauf deshalb wieder Abstand. Doch Hondas Umrüstaktion fruchtete gerade beim 1000er-Triebwerk besonders gut: Heute mit hoher Laufleistung gebraucht erstanden, ist es ein guter Tip für den, der Kraft und Zuverlässigkeit schätzt. Mit den überarbeiteten Komponenten im Ventiltrieb darf die Technik des VF 1000 F-Triebwerks als besonders ausgereift eingestuft werden.

Größere Probleme bereitete indes der Wärmehaushalt des großen V-Vierzylinders. Bei hohen Außentemperaturen konnte es im Stadtverkehr schon hin und wieder vorkommen, daß das Kühlsystem wegen Überlastung trotz zweier Ventilatoren das Kühlmittel aus dem Überlaufbehälter ins Freie entließ. Besondere Aufmerksamkeit war daher stets ausreichendem Kühlmittelreservoir zu widmen.

Kaum Schwierigkeiten gab es indes fahrwerksseitig. In den Grundzügen stark mit der VF 750 F verwandt, trug Honda den 26 Mehr-PS der VF 1000 F in Form einer stabileren und ebenfalls in der Zugstufendämpfung sowie der Federhärte via Luftpolster einstellbaren Gabel mit 41 statt 39 Millimetern Durchmesser Rechnung. Identisch hingegen die Schwinge und das Zentralfederbein.

Weitere Unterschiede markierten Räder, Bereifung und Bremsen. Zwar wie die VF 750 F mit einem 16-Zoll-Vorderrad bestückt, aber hinten nur mit einem 17 Zoll durchmessenden Pneu ausgestattet, gab sich die VF 1000 F zwar nicht ganz so handlich, dafür aber neutraler im Einlenkverhalten. Das mag einerseits auf das etwas höhere Gewicht und zum anderen auf geringfügig mehr Nachlauf zurückzuführen gewesen sein. Jedenfalls bot die VF 1000 F nicht nur bessere Fahrleistungen, sondern auch harmonischere Fahrwerksqualitäten.

Merklich besser, weil standfester, präsentierte sich auch die Doppelscheibenbremse im Vorderrad, die baugleich mit jener des Sportmodells VF 1000 R war. Klar definierter Druckpunkt und hohe Wirksamkeit zeichneten sie aus.

Gleichfalls bot auch ein so geglücktes Motorrad wie die VF 1000 F noch jede Menge Spielraum für Verbesserungen. Dies erkannte man bei Honda bereits ein Jahr nach Vorstellung der VF 1000 F, nämlich 1985, und beschloß, dieses Modell von Grund auf zu überarbeiten, ja quasi ein neues Motorrad auf Basis der erst ein Jahr alten Maschine zu schaffen. Heraus bei diesem Vorhaben kamen letztlich zwei Motorräder: die vollverkleidete VF 1000 FII sowie die nach wie vor halbverschalte VF 1000 F. Beide allerdings gleichermaßen umfangreich modifiziert.

Entscheidende Modifikation am Fahrwerk der beiden Maschinen war die Abkehr vom 16 Zoll auf das 18-Zoll-Vorderrad sowie die Reduzierung des Federweges der Gabel von 155 auf 145 Millimeter. Beides zusammen nahm dem VF-Chassis die ihm lange Zeit angekreidete Kippeligkeit in Kurven. Außerdem verbesserte sich die Hochgeschwindigkeitsstabilität nochmals, ohne spürbare Einbußen in puncto Handlichkeit nach sich zu ziehen. Optisch geändert wurde

Tendenz steigend: Zwar offenbarten einige VF 1000 F die bekannten Nockenwellenschäden, doch gerade beim 1000er-Triebwerk fruchtete Hondas Umrüstaktion besonders gut. Schwachstellen konnten weitgehend ausgemerzt werden. Mit guten Ergebnissen wartete die 1000er beim Dauertest von MOTORRAD auf

Gutes Rad: Das '85er-Modell der VF 1000 F besaß ein 18-Zoll-Vorderrad, das die Kippel-Neigung gegenüber dem vormals verbauten 16-Zöller deutlich reduzierte. Auch die Zielgenauigkeit wurde drastisch verbessert

am F-Modell lediglich die Sitzbank, die nun mit der des FII-Modells identisch war und dank breiterer sowie längerer Sitzfläche endlich auch dem Sozius einen bequemen Platz bot. Tiefergreifende technische Änderungen blieben indes dem FII-Modell vorbehalten. So zum Beispiel die wirksam schützende Vollverkleidung oder etwa die verstellbaren Lenkerstummel, die nun in zwei Ebenen justierbar waren.

Den vereinzelt auftretenden Hitzeproblemen rückte Honda mit mehreren kleinen, aber wirksamen Änderungen zu Leibe. So befand sich der zweite Wasserkühler nun wie bei der VF 750 F im Verkleidungskiel und nicht mehr im Oberteil, was die Wärmeabfuhr und zudem die Schwerpunktlage günstig beeinflußte. Außerdem sorgte sich ein ausgeklügeltes Lüftungssystem um die Zufuhr von kühler Luft zu Vergasern und Luftfilterkasten, was die bei den ersten Modellen noch auftretende Dampfblasenbildung in den Vergasern wirkungsvoll unterband. Weiterhin sorgte sich ein drastisch vergrößerter Wassermantel in den breiter dimensionierten Zylinderköpfen um verbesserte Wärmeabfuhr.

Allein der Beiname Bol d'Or unterstrich, für wen die VF 1000 FII wirklich gemacht war. Für all jene Piloten, die ein sportliches, aber dennoch tourentaugliches Motorrad in der Honda-Palette suchten, wie es einst die 900er und 1100er der Bol-d'Or-Baureihe mit ihren Reihenvierzylindern und tourentauglicher Verschalung vordachten.

Die beste 1000er: Die VF 1000 F2 trug den Beinamen Bol d'Or und machte der Anlehnung an das Langstrecken-Rennen alle Ehre. Sie war extrem zuverlässig, stark, schnell und damit für lange Strecken wie geschaffen. Die Motor-Technik war bei diesem Modell endlich ausgereift

TECHNISCHE DATEN VF 1000 F (SC 15)
(Baujahr 1984, Werte für 1985 in Klammern)

MOTOR	
Bohrung x Hub:	77 x 53,6 mm
Hubraum:	998 cm^3
Verdichtung:	10,5 : 1
Leistung:	74 kW (100 PS) bei 9 000/min
Drehmoment:	83 Nm bei 7 500/min
GEMISCHAUFBEREITUNG	
Typ:	Vier Keihin-Vergaser VD 82 D (86 B)
Durchlaß:	31,5 mm
Hauptdüse:	115 (vorne 118 / hinten 115)
Leerlaufdüse:	38

KRAFTÜBERTRAGUNG
Primärübersetzung: 1,971 / 1. Gang: 2,733 / 2. Gang: 1,894 / 3. Gang: 1,500 / 4. Gang: 1,240 / 5. Gang: 1,037 / Sekundärübersetzung: 2,529

FAHRWERK	
Radstand:	1 505 (1 550) mm
Lenkkopfwinkel:	60 Grad 30' (61 Grad)
Nachlauf:	98 (116) mm
Federweg vorne / hinten:	155(140)/120 mm
Standrohrdurchmesser:	41 mm
Felgengröße vorne / hinten:	2.50 x 16˝ (18) / 3.50 x 17˝
Reifengröße vorne:	120/80 V16 (100/90 V 18)
hinten:	140/80 V 17 / 140/80 VR 17
Bremsen vorne:	276-mm-Doppelscheibe
hinten:	276-mm-Einzelscheibe
ELEKTRISCHE ANLAGE	
Zündkerzen:	DPR7(8)(9)EA-9
Generatorleistung:	350 W / 5 000/min
Batteriekapazität:	12 V / 16 Ah
MASSE, GEWICHTE UND FÜLLMENGEN	
Tankinhalt / Reserve:	23 / 3,5 (4) Liter
Kraftstoffart:	Normalbenzin mind. 91 ROZ
Motorölmenge:	3,5 (3,7) Liter
Kühlflüssigkeit:	3,0 (3,3) Liter
Gabelöl links / rechts:	400 / 380 cm^3
Leergewicht vollgetankt:	258 (266) kg
L x B x H:	2 210 (2 270) x 765 x 1 240 (1 250) mm
Sitzhöhe:	800 (815) mm
HÖCHSTGESCHWINDIGKEIT:	225 km/h (100 PS-Version)
PREIS 1984 / 1985:	12 918 Mark / 13 243 Mark inkl. Nk

TECHNISCHE DATEN VF 1000 FII (SC 15)

MOTOR	
Bohrung x Hub:	77 x 53,6 mm
Hubraum:	998 cm^3
Verdichtung:	10,5 : 1
Leistung:	74 kW (100 PS) bei 9500/min
Drehmoment:	83 Nm bei 8 000/min
GEMISCHAUFBEREITUNG	
Typ:	Vier Keihin-Vergaser VD 85 F
Durchlaß:	31,5 mm
Hauptdüse:	vorne 118 / hinten 115
Leerlaufdüse:	38

KRAFTÜBERTRAGUNG
Primärübersetzung: 1,888 / 1. Gang: 2,733 / 2. Gang: 1,894 / 3. Gang: 1,500 / 4. Gang: 1,240 / 5. Gang: 1,037 / Sekundärübersetzung: 2,529

FAHRWERK	
Radstand:	1 550 mm
Lenkkopfwinkel:	61 Grad
Nachlauf:	116 mm
Federweg vorne / hinten:	40/120 mm
Standrohrdurchmesser:	41 mm
Felgengröße vorne / hinten:	2.50 x 18˝ / 3.50 x 17˝
Reifengröße vorne:	100/90 V 18
hinten:	140/80 V 17 / 140/80 VR 17
Bremsen vorne:	276-mm-Doppelscheibe
hinten:	276-mm-Einzelscheibe
ELEKTRISCHE ANLAGE	
Zündkerzen:	DPR7(8)(9)EA-9
Generatorleistung:	350 W / 5 000/min
Batteriekapazität:	12 V / 16 Ah
MASSE, GEWICHTE UND FÜLLMENGEN	
Tankinhalt / Reserve:	23 / 4 Liter
Kraftstoffart:	Normalbenzin mind. 91 ROZ
Motorölmenge:	3,7 Liter
Kühlflüssigkeit:	3,5 Liter
Gabelöl links / rechts:	400 / 380 cm^3
Leergewicht vollgetankt:	271 kg
L x B x H:	2 270 x 765 x 1 275 mm
Sitzhöhe:	815 mm
HÖCHSTGESCHWINDIGKEIT:	232 km/h (100-PS-Version)
PREIS 1985:	14 258 Mark inkl. Nk

VF 1000 R (SC 16)

Wilde Sorte

»Ein Platz für Tiere«, lautete die Headline des ersten Testberichtes über den Supersportler VF 1000 R in MOTORRAD im Frühjahr 1984. Der Vergleich des nominell 122 PS starken Supersportlers mit einem wilden Tier war in der Tat gar nicht so weit hergeholt, denn tatsächlich stellte die in den Honda-Farben Blau, Weiß und Rot lackierte Maschine alles bislang Dagewesene in den Schatten.

Das begann bereits mit der im Stand gebotenen geballten Ladung an modernster Technik. Zwar basierte das Top-Modell der V4-Reihe in seinen Grundfesten auf der VF 1000 F, was Rahmen und Motor anbelangte, doch brillierte der Supersportler mit vielen technischen Details, die ihn einerseits klar von den bisherigen VF-Modellen abgrenzten und zum anderen klare Verwandtschaftsverhältnisse zu den vom Werk eingesetzten Rennmaschinen RS 850, FWS 1000 und RS 930 demonstrierten.

So verfügte das Triebwerk als bis dato einziger Motor einer Serien-Honda beispielsweise über zahnradgetriebene Nockenwellen, wie sie ansonsten nur in den Werksrennern zu finden waren. Zusammen mit einer leicht erhöhten Verdichtung sowie einer geänderten Auspuffanlage mit zwei aluminiumumhüllten Endschalldämpfern und angepaßter Zünd-Verstellkurve gab Honda in der offenen Version gewaltige 122 PS bei 10500/min an. In der Praxis leistete das stärkste von MOTORRAD gemessene Exemplar indes lediglich 116 PS, was angesichts der Leistungen der Konkurrenzprodukte aber immer noch ein hervorragender Wert war. Jedenfalls vermochte der 116 PS starke V4 die VF 1000 R auf immerhin 249 km/h Endgeschwindigkeit zu beschleunigen, was nicht nur für das Triebwerk, sondern vor allem für die aerodynamischen Qualitäten sprach. In der Tat war die aus hochwertigem Glasfasergewebe laminierte Vollverkleidung sehr windschlüpfig geformt und ermöglichte daher diesen guten Wert.

Aber nicht nur die supersportliche Optik unterschiedete die VF 1000 R bereits auf den ersten Blick von der eng verwandten VF 1000 F. Der kleine Unterschied im Motor in Form der zahnradgetriebenen Nockenwellen war auch deutlich hörbar. Obwohl die Zahnräder geteilt und mittels Federn gegeneinander verspannt waren, was das Zahnflankenspiel stark reduzierte, war das singende Laufgeräusch der Stirnräder ganz typisch für den R-Motor. Zugunsten exakterer Einhaltung der Steuerzeiten im Vergleich zu kettengetriebenen Nockenwellen selbst bei hohen Drehzahlen nahmen die Konstrukteure die erhöhte Geräuschkulisse aber gerne in Kauf.

Im Fahrbetrieb glänzte das R-Triebwerk mit einer ungemein fülligen Leistungscharakteristik, die absolut schaltfaule Fahrweise genauso zuließ wie heftigstes Ausdrehen und Wechseln der Gänge im gut zu schaltenden Fünfganggetriebe. Bereits ab 1500/min stellte der wassergekühlte V4 Leistung und Drehmoment im Überfluß zur Verfügung und steigerte den

Krone der Schöpfung: Die VF 1000 R lehnte sich stark an den RS-Rennmaschinen an und besaß wie diese erstmals zahnradgetriebene Nockenwellen. Auch Fahrwerk, Bremsen und Design des 122 PS starken Straßen-Renners folgten den Vorbildern aus dem Rennsport

Output gleichmäßig bis etwa 7000/min. Erst darüber brannte der Vierzylinder energischer Leistung ab und drehte willig bis rund 11 000/min.

Fahrwerksseitig setzte Honda bei dieser Renn-Replica genau wie bei den bis dato produzierten VF-Modellen auf ein 16-Zoll-Vorderrad, dessen bekannte Nachteile wie Kippeligkeit in Kurven und Aufstellneigung beim Bremsen bereits von der VF 750 F und der VF 1000 F bekannt waren. Aufgrund der engen Anlehnung an die VF 1000 F benahm sich die VF 1000 R denn auch nur wenig anders und heimste eben im Punkt des Vorderrades stets Kritik ein. Gleichwohl glänzte die mit 265 Kilogramm recht fettleibig geratene Maschine mit einem überraschend leichtfüßigem Handling und obendrein mit guter Stabilität bei Höchstgeschwindigkeit. Lediglich das sensible Kurvenverhalten war ihr wirklich anzukreiden.

Wenig zu monieren gab es indes an den Federelementen. Besonders die aufwendig gefertigte Telegabel mit Schnellklemmfäusten, wie sie im Endurance-Sport üblich ist, glänzte durch gelungene Abstimmung von Dämpfungs- und Federraten und sprach willig und sensibel an. Nicht ganz so souverän arbeitete indes das hintere Federbein, das sich wie bei den anderen VF-Modellen durch die Abwärme der hinteren Zylinder rasch erhitzte und in der Dämpfung etwas nachließ.

Zugunsten höherer Fahrstabilität trug Honda der gesteigerten Motorleistung bei der Hinterradaufhängung in Form einer wesentlich stärker dimensionierten Schwinge Rechnung. Zwar war diese wie bei der VF 750 F, VF 1000 F und VF 500 F aus einer Aluminiumlegierung hohl gegossen, wies aber eine der Biegebelastung extremer angepaßte Formgebung der Schwingenarme auf. Leicht zu erkennen war die R-Schwinge an den seitlichen Öffnungen in den Schwingenarmen.

In puncto Bremsen tat sich hingegen nur wenig beim R-Modell. Die vordere Bremsanlage war praktisch mit der VF 1000 F-Anlage identisch und betätigte – wie bei allen bisherigen VF-Modellen – das TRAC, ein Anti-Dive-System, das das Eintauchen der Gabel beim Bremsen verlangsamen sollte. Das aufwendig konzipierte System, bei dem der linke Bremssattel drehbar gelagert beim Bremsen einen Kolben betätigt, der eine Ölbohrung für die Druckstufendämpfung der Gabel verschließt, war zwar ebenfalls wieder vierfach einstellbar, jedoch taten sich merkliche Unterschiede lediglich zwischen Stufe 1 und Stufe 4 auf. Die Konstruktion war schlichtweg überflüssig, und Honda legte sie später denn auch zu den Akten. Die hintere Bremsanlage rekrutierte sich aus einer innenbelüfteten 220-mm-Scheibe mit Zweikolben-Festsattel.

Wechsel-Spiel: Die Telegabel der VF 1000 R besaß aufwendige Schnellklemmfäuste für die Radachse, die extrem schnelle Radwechsel ermöglichten. Auch dies übernahm Honda bei diesem Modell aus dem Rennsport

Genau wie die Idee für das TRAC stammte auch das Design der Comstar-Räder aus dem Rennsport. Freddie Spencers Dreizylinder-Honda, die NS 500, wies ebenfalls die sternförmigen Preßblechspeichen auf, was sich marketingpolitisch durch dessen Titelgewinn in der 500er-WM 1983 natürlich glänzend umsetzen ließ. In der Praxis machten die aus Aluminiumblechen zusammengenieteten Räder überraschend wenig Ärger. Selbst hohe Laufleistungen verkrafteten sie im Gegensatz zu den ersten Comstar-Rädern an der CB 750 F2 und der CB 900 Bol d'Or klaglos. Ein sukzessives Lockern der Nieten verzeichnete kaum ein Fahrer.

Was 1984 an und für sich einen sehr ausgereiften Eindruck hinterließ, bedurfte aus Honda-Sicht bereits ein Jahr später umfangreicher Modellpflege. In erster Linie Hitzeprobleme des Motors waren es, die den Fahrern Ärger bereiteten. So heizte der Motor mit seiner aufsteigenden Wärme bei langsamer Fahrweise das Benzin auf, was zu Dampfblasenbildung in den Vergasern und in der Folge zu schlechter Gasannahme führte. Honda begegnete dieser Unart mit einer auf die Tankunterseite geklebten Aluminiumfolie und vergrößerte zudem den Querschnitt der Benzinleitungen.

Ebenfalls mit dem leidigen Thema »Nockenwellenschäden« war auch die VF 1000 R behaftet. Davon sowie von Defekten an der Wasserpumpendichtung waren die Modelle bis zur Fahrgestellnummer SC16-2099999 des Jahres 1984 betroffen. Entsprechend fiel auch sie unter die großzügige Kulanzregelung von Honda, die den kostenlosen Austausch Pitting-

Räderwerk: Der Antrieb der Nockenwellen erfolgte im VF 1000 R-Triebwerk über teure Zahnräder. Im Gegensatz zu den bis dato verbauten Kettenantrieben sorgten sie auch bei hohen Drehzahlen für exakte Steuerzeiten

geschädigter Nokckenwellen und die Reinigung des Wasserpumpengehäuses vorsah. Auf die vollzogene Umrüstung wies wie bei den anderen Modellen ein ovaler weißer Honda-Kleber auf dem Rahmen beziehungsweise der oberen Gabelbrücke hin.

Weitere technische Änderungen flossen in den '85er-Jahrgang in Form von verstärkten Lagerböcken für die Nockenwellen, einer stärker dimensionierten Ölpumpe, eines größer dimensionierten Ölkreislaufes sowie eines größeren Wasserkühlers ein. Diese kleinen, aber feinen Änderungen machten aus der VF 1000 R im 85er-Jahrgang schließlich einen Supersportler, der diesen Ruf zu recht trug. Lediglich das kippelige Fahrverhalten aufgrund des 16-Zoll-Vorderrades gab weiterhin Anlaß zur Kritik. Die übrigen Schwachpunkte waren indes ausgemerzt.

Was vor gut zehn Jahren als das Nonplusultra unter den Sportmotorrädern galt, ist heute als seltener Klassiker gesucht und deshalb teuer. Die einzige zahnradgetriebene Tausender von Honda wird auch heute immer noch im Bereich zwischen 5000 und 10000 Mark, je nach Zustand, gehandelt.

TECHNISCHE DATEN VF 1000 R (SC 16)
(Baujahr 1984, Werte für 1985 in Klammern)

MOTOR	
Bohrung x Hub:	77 x 53,6 mm
Hubraum:	998 cm^3
Verdichtung:	11 : 1 (10,7 : 1)
Leistung:	74 kW (100 PS) bei 10000/min 90 kW (122 PS) bei 10500/min offen
Drehmoment (100 PS):	83 Nm bei 7 500/min bzw. (84 Nm bei 4 500/min)
GEMISCHAUFBEREITUNG	
Typ:	Vier Keihin-Vergaser VD 83 B (85 B)
Durchlaß:	36 (31,5) mm
Hauptdüse:	125 (115)
Leerlaufdüse:	38
KRAFTÜBERTRAGUNG	
Primärübersetzung:	1,971
1. Gang:	2,733
2. Gang:	1,894 (1,882)
3. Gang:	1,500
4. Gang:	1,240
5. Gang:	1,037
6. Gang:	
Sekundärübersetzung:	2,529 (2,588)
FAHRWERK	
Radstand:	1 505 mm
Lenkkopfwinkel:	60 Grad 30'

Nachlauf:	98 mm
Federweg vorne / hinten:	55/120 mm
Standrohrdurchmesser:	41 mm
Felgengröße vorne / hinten:	2.50 x 16˝ 3.50 x 17˝
Reifengröße vorne:	120/80 V16
hinten:	140/80 V 17 / 140/80 VR 17
Bremsen vorne:	276-mm-Doppelscheibe
hinten:	220-mm-Einzelscheibe
ELEKTRISCHE ANLAGE	
Zündkerzen:	DPR7(8)(9)EA-9 ND X27EPR-U9
Generatorleistung:	350 W / 5 000/min
Batteriekapazität:	12 V / 16 Ah
MASSE, GEWICHTE UND FÜLLMENGEN	
Tankinhalt / Reserve:	25 / 4,5 (5) Liter
Kraftstoffart:	Superbenzin mind. 94 ROZ
Motorölmenge:	3,5 (3,7) Liter
Kühlflüssigkeit:	3,0 (3,25) Liter
Gabelöl links / rechts:	430 (460)/ 410 (440) cm^3
Leergewicht vollgetankt:	265 (274) kg
L x B x H:	2 180 x 730 x 1 200 mm
Sitzhöhe:	810 mm
HÖCHSTGESCHWINDIGKEIT:	240 km/h bzw. 249 km/h offen
PREIS 1984:	18 218 Mark inkl. Nk

VFR 750 F (RC 24)

Allround-Talent

Als Honda im Spätsommer 1985 mit der VFR 750 F eine nagelneue sportliche 750er präsentierte, war eigentlich jedermann überrascht. Hatte Suzuki nämlich mit der nur 200 Kilogramm schweren GSX-R 750 die Meßlatte in der Dreiviertelliter-Kategorie sehr hoch gelegt, erwartete die Motorradwelt vom Marktführer Honda schließlich den ultimativen Gegenschlag. Doch was damals präsentiert wurde, umriß MOTORRAD im ersten Fahrbericht treffend mit der Überschrift »Die ganz neue Linie«. Ein edles, ja fast schlichtes Motorrad war die VFR 750 F, wie die neue Honda hieß, geworden. Ohne schreierische Kriegsbemalung und bar jeglicher Rennambitionen. Doch gleichfalls sportlich; mit windschlüpfiger Vollverkleidung, Leichtmetall-Brükkenrahmen und komplett neu entwickeltem V4-Triebwerk.

Isamu Goto, Präsident der Honda Racing Corporation HRC und Chef des Honda-Entwicklungszentrums brachte es folgendermaßen auf den Punkt: »Wir wollten keine Renn-Replica auf die Räder stellen, sondern ein Sportmotorrad, das den Ansprüchen auf öffentlichen Straßen gerecht wird«. Die Sportlichkeit sollte von Honda nicht mehr so sehr in den Vordergrund gestellt werden, was Wolfgang Murrmann, Chef des deutschen Honda-Importeurs, ebenfalls unterstrich. Also maßvolle Töne vom Motorrad-Giganten Honda, dem der Wind in den vergangenen drei Jahren recht kräftig ins Gesicht blies.

Doch unter der stilvollen, perlmuttweiß lackierten Verkleidung verbarg sich entgegen der eher harmlosen Optik hochkarätigste Technik. Der V4-Motor der zweiten Generation hatte mit den bisherigen VF-Vierzylindern allenfalls noch den Zylinderwinkel von 90 Grad gemein. Bei identischen Werten von Bohrung und Hub von 70 respektive 48,6 Millimetern wies der wassergekühlte V4 eine gravierende Änderung auf: Der Versatz der beiden Hubzapfen betrug nicht mehr wie bisher null, sondern 180 Grad. Zudem war die Kurbelwelle 400 Gramm leichter geworden. Honda wollte damit eine Triebwerksstärkung im unteren und mittleren Drehzahlbereich aufgrund der regelmäßigeren Zündfolge erreichen. Entsprechend der geänderten Zündfolge entwichen die Abgase fortan nicht mehr paarweise für vordere und hintere Zylinder. Bei der VFR 750 F mußten zwangsläufig der vordere und hintere Zylinder pro Seite miteinander korrespondieren.

Daß die Honda-Ingenieure keinerlei Mühen scheuten, ein Hochleistungstriebwerk zu bauen, zeigte sich aber auch an den Zylinderköpfen. Sie waren völlig neu entwickelt worden. Das Frischgas aus den 34-Millimeter-Keihin-Vergasern wurde nun geradliniger, nämlich im Winkel von 52 Grad statt wie bisher 72 Grad auf die beiden Einlaßventile geleitet. Auch der Ventiltrieb fiel zugunsten höherer Drehzahlfestigkeit leichter und steifer aus. Es kamen keine Gabel-, sondern torsionssteifere Einzelschlepphebel zum Ein-

Die erste mit Alu-Rahmen: VFR 750 F hieß die 1985 präsentierte neue 750er von Honda. Entgegen den Bemühungen der Konkurrenz kam sie ohne wilde Kriegsbemalung aus und war durch und durch ein gutes Motorrad mit exzellenten Allround-Qualitäten

satz. Das Gewicht der Einlaßventile wurde um 0,5 Gramm, das der Auslaßpartner um 1,5 Gramm reduziert. Eine weitere Reduzierung der Massen brachte die Anordnung der Einstellschrauben auf der gegenüberliegenden Seite des Schlepphebels statt wie bislang direkt über dem Ventil. Weitere Erleichterungsmaßnahmen an Kolben und Pleueln addierten sich schließlich zu einer Gewichtsersparnis von 1,2 Kilogramm gegenüber dem Vierzylinder der VF 750 F. Und dies wohlgemerkt trotz der Umstellung des Nockenwellenantriebes von Ketten- auf Zahnradantrieb wie bei der VF 1000 R.

Auch der Ölkreislauf des bis 11000/min drehenden Triebwerkes wurde nachhaltig überarbeitet. An Stelle einer einfachen Ölpumpe kam eine Doppelölpumpe zum Einsatz. Pumpe 1 drückte das heiße Öl zunächst durch einen unterhalb des Scheinwerfers montierten Ölkühler und von dort in die Saugkammer von Pumpe 2, die es wiederum an die Lagerstellen im Motor verteilte. Die Öltemperatur konnte laut Honda damit um rund 20 Prozent reduziert werden. Außerdem vermied diese technische Lösung, daß aufgrund von Schaumbildung im Öl eventuell Luft an die Schmierstellen transportiert worden wäre. Schließlich saugte Pumpe 2 immer aus einer mit gekühltem Öl gefüllten Kammer. Eine zusätzliche Sicherheit für das hochbelastete Triebwerk also.

Dem brandneu entwickelten V4-Triebwerk hinkte das Chassis keineswegs hinterher. Nach dem Vorbild der Endurance-Werksrennmaschine RVF 750, die auch für den Motor Pate stand, umschloß eine aufwendige Aluminium-Brückenkonstruktion aus Strangpreßprofilen den V4, der zudem als tragendes Element fungierte. Steuerkopf und Motoraufnahmen bestanden aus Leichtmetallguß und waren mittels bildschöner Schweißnähte mit den 60 mal 28 Millimeter messenden Profilen verschweißt. Der harten Beanspruchung im Zweipersonenbetrieb konnte nach Meinung von Honda indes nur ein Rahmenheck aus stabilem Stahlrohr standhalten. Auf die letzten hundert Gramm Gewichtseinsparung verzichtete man hier zugunsten solider Alltagstauglichkeit.

Drastische Gewichtsminimierung hingegen wieder bei den Rädern. Die Drei-Speichen-Gußräder mit aufgeschraubten Bremsscheiben wogen in der Summe 2,6 Kilogramm weniger als die Comstar-Räder des Vorgängers VF 750 F.

Im Fahrbetrieb löste die neue Honda erfreulicherweise all das ein, was die exzellente Technik versprach. Die Sitzposition war sportlich und entspannt zugleich; selbst der Sozius fand noch eine akzeptable Unterbringung vor. Gute Anlagen also sowohl für die lange Urlaubstour wie auch für die sportliche Kurvenhatz über winklige Landstraßen. Aber genau dort war die neue VFR 750 F in ihrem wahren Element. Erforderte ihre Vorgängerin VF 750 F fahrwerksseitig noch einige Eingewöhnung aufgrund des kleinen 16-Zoll-Vorderrades, waren dessen Nachteile bei der neuen 750er nahezu völlig ausgemerzt. Das Verhalten beim Einlenken in Kurven war tadellos – keine Spur mehr von der leichten Kippeligkeit. Außerdem verblüffte die VFR mit sehr geringem Aufstellmoment beim Bremsen in Schräglage. Honda hatte es also gezeigt: Die Verbesserung des Handlings mit einem kleineren Vorderrad war möglich, ohne Nachteile in Kauf nehmen zu müssen. Speziell auf kurvenreichen Landstraßen glänzte die VFR 750 F mit den besten Handlingqualitäten in der 750er-Klasse.

Nicht minder beeindruckend war auch die Stabilität der Honda im Bereich der Höchstgeschwindigkeit. Keine Spur von Nervosität oder gar Lenkerpendeln. Zudem bot das Fahrwerk mit der 37 Millimeter starken Showa-Gabel und dem über eine Hebelumlenkung angelenkten Federbein einen geglückten Kompromiß aus sportlich straffer und komfortabler Abstimmung. Besonders das Ansprechverhalten sowie die Feder-/Dämpferabstimmung der gegenüber der VF 750 F um zwei Millimeter dünneren Gabel war zu loben.

Im Vergleich zur VF 750 F deutlich verbessert wurde auch die Bremsanlage. Zwar kamen nach wie vor Schwimmsattelbremszangen mit Doppelkolben zum Einsatz, diese jedoch in Form und hydraulischer Übersetzung neu berechnet. Zudem waren die Bremsscheiben aus Gewichtsgründen bei diesem Modell nicht mehr auf separaten Adaptern montiert, sondern direkt auf angegossene Ausleger der Dreispeichenräder geschraubt. Ebenfalls zur Gewichtsersparnis waren die Scheiben nun gelocht und nicht mehr genutet. Die Anlage glänzte mit hervorragender Wirkung, war standfest und feinfühlig zu dosieren.

Verwirrend und kompakt zugleich: Im Leichtmetall-Brückenrahmen übernahm der V4 eine tragende Rolle. Funktionsgruppen wie Öl- und Wasserkühler addierten sich mit ihren Schläuchen zu einem scheinbaren Gewirr, das manchen Laien, nicht aber den Fachmann erschreckte

Der zweite mit Zahnrädern: Das Triebwerk der RC 24 besaß nach der VF 1000 R ebenfalls zahnradgetriebene Nockenwellen. Entgegen den bisherigen Motoren betrug der Hubzapfenversatz jedoch 180 Grad. Die Konstruktion orientierte sich an der RVF 750 – der siegreichen Endurance-Werksmaschine von 1985

Alle Neune: Insgesamt neun Zahnräder übernahmen wie beim VF 1000 R-Vierzylinder den Antrieb der Nockenwellen, die die 16 Ventile aber erstmals über kugelgelagerte Schlepphebel betätigten

Die neue konstruktive Auslegung des Motors mit 180-Grad-Kurbelwelle und drastischer Leistungsanhebung auf anfangs 105 und später 100 PS schlug sich nicht nur in deutlich gesteigerten Fahrleistungen nieder, sondern war auch unmittelbar am Geräusch erkennbar. Aufgrund der geänderten Zündfolge war der Triebwerkssound nun gar nicht mehr mit dem der 90-Grad-V2 der italienischen Ducati verwandt. Es war ein ganz eigener, unvergleichbar röhrender Ton, den der VFR-V4 durch seine 4-in-2-Anlage entließ. Diese Auspuffanlage war im Gegensatz zur VF 750 F deutlich aufwendiger gebaut, da sie über nahezu identische Krümmerlängen verfügte und als Zusammenführung der vier Krümmerrohre nicht lediglich einen voluminösen Sammler aus Stahlblech benutzte. Ein gut Teil der Leistungssteigerung war dieser Auspuffkonstruktion zuzuschreiben.

Die erklärte Zielsetzung der Honda-Ingenieure, der VFR 750 F mittels 180-Grad-Kurbelwelle mehr Kraft im unteren Drehzahlbereich einzuhauchen, erwies sich in der Praxis aber als unrichtig. Zwar stellte die VFR ihre Vorgängerin VF 750 F nicht nur in Höchstgeschwindigkeit und Beschleunigung in den Schatten, sondern brillierte auch mit stark verbesserten Durchzugswerten, doch war dies in erster Linie dem Gesamtpaket an konstruktiven Änderungen zuzuschreiben. Die Zündfolge alleine hatte darauf nur wenig Einfluß. Subjektiv erschien der neue Vierzylinder im unteren Drehzahlbereich sogar eher etwas träger als die alte VF 750 F (RC 15), die noch eine 360-Grad-Kurbelwelle besaß. Dem sportlichen Charakter des Motors spendierte Honda ein Sechsganggetriebe, das sich exakt und über kurze Wege schalten ließ. Die Abstufung der Gänge war gelungen und bot beste Anschlüsse.

Zwei Jahre lang gewann die VFR 750 F die Vergleichstests mit der Konkurrenz sowohl bei MOTORRAD als auch bei anderen Fachzeitschriften. Eigentlich kein Grund für den japanischen Hersteller, umfangreiche Modellpflege zu betreiben. Doch Honda legte für den 88er-Jahrgang der VFR 750 F nochmals einige Briketts in Form gezielter und wirkungsvoller Modellpflege nach.

So dimensionierten die Honda-Techniker den Vorderbau mittels nun 41 Millimeter starker Gabel wesentlich verwindungssteifer. Außerdem beraubten sie das Anti-Dive-System TRAC am linken Tauchrohr seiner Einstellmöglichkeit. Weil Wirkung und Dosierbarkeit der Bremsen gerade bei Sportmaschinen zentrale Punkte sind, spendierte man der überarbeiteten Version die 296 Millimeter großen Bremsschei-

ben des Reihenvierzylindermodells CBR 1000 F, obwohl an der bisher verwendeten 276 Millimeter-Anlage nichts zu kritisieren war.
Inzwischen rollte die VFR vorn wie hinten auch auf 17-Zoll-Rädern, was dem neuesten Trend im Reifenbau entsprach und einen noch besseren Kompromiß aus Handlichkeit und Fahrstabilität brachte als die 16/18-Zoll-Kombination. Ein geringfügig breiterer Hinterradpneu in der Dimension 140/80 V 17 half, in Schräglage noch etwas mehr Kraft übertragen zu können. Auf die hin und wieder geäußerte Kritik am spärlichen Windschutz der knapp geschnittenen Verkleidung reagierte Honda mit einer höheren und zudem einstellbaren Verkleidungsscheibe, die gerade in der obersten Stellung merklich mehr Windschutz bot.
Das gleichermaßen zuverlässige wie leistungsstarke Triebwerk wertete Honda für 1988 nochmals auf. So wuchsen die Tellerdurchmesser der Einlaßventile von 26,5 auf nunmehr 27 Millimeter, und die Nockenwellen brachten etwas mehr Ventilhub. Zugleich bereiteten größere Vergaser mit 34 Millimetern Durchlaß das Benzin-/Luftgemisch auf.
Alle diese Maßnahmen machten aus der ohnedies sehr guten Honda ein noch besseres Motorrad – wenngleich nur in leichten Nuancen. Sowohl die Urversion als auch das überarbeitete '88er-Modell glänzten mit perfekter Alltagstauglichkeit und ausgeprägten Sporttalenten. Die hohe Zuverlässigkeit und vor allem die mechanische Standfestigkeit des Triebwerkes polierten Hondas ramponiertes V4-Image gewaltig auf. Laufleistungen von 70 000 Kilometern und mehr waren für das RC 24-Triebwerk keine Seltenheit und sorgten neben hoher Zufriedenheit in der Kundschaft auch für stabile Gebrauchtpreise. Selbst in die Jahre gekommene VFR zählen heute noch zu gesuchten und damit teuren Gebrauchtmaschinen. Aufgrund der absolut ausgereiften Konstruktion ist das Geld im Falle der RC 24 aber fast immer sehr gut angelegt.

Schlicht ein Gedicht: Die VFR 750 F (RC 24) war eine fast zeitlose Schönheit. Sie lebte nicht von Farben, sondern von Formen. Ohne Zweifel war sie eine perfekte Leistung der Designer

TECHNISCHE DATEN (RC 24)
(Baujahr 1986. Werte für 1988 in Klammern)

MOTOR

Bohrung x Hub:	70 x 48,6 mm
Hubraum:	748 cm^3
Verdichtung:	10,5 (11) : 1
Leistung:	4 kW (100 PS) bei 10 500/min 77 kW (105 PS) bei 10 500/min offen
Drehmoment:	70,5 (75) Nm bei 7 500 (9 000) /min

GEMISCHAUFBEREITUNG

Typ:	Vier Keihin-Vergaser VD 80 B
Durchlaß:	31,6 (34) mm
Hauptdüse:	118
Leerlaufdüse:	38

KRAFTÜBERTRAGUNG

Primärübersetzung:	1,939
1. Gang:	2,846
2. Gang:	2,063
3. Gang:	1,632
4. Gang:	1,333
5. Gang:	1,154
6. Gang:	1,036
Sekundärübersetzung:	2,813

FAHRWERK

Radstand:	1 480 mm
Lenkkopfwinkel:	62 Grad 20'
Nachlauf:	108 mm
Federweg vorne / hinten:	140 / 105 mm
Standrohrdurchmesser:	37 (41) mm
Felgengröße vorne / hinten:	2.50 x 16″ (2.50 x 17″) 3.50 x 18″ (3.50 x 17″)
Reifengröße vorne:	110/90 V 16 / 110/90 V 16-V 250 (110/80 V 17-V 250)
hinten:	130/80 VB 18 / 130/80 V 18-V 250 (140/80 V 17-V 250)
Bremsen vorne:	276-(296-)mm- Doppelscheibe
hinten:	256-mm-Einzelscheibe

ELEKTRISCHE ANLAGE

Zündkerzen:	NGK DPR8EA-9
Generatorleistung:	350 W / 5 000/min
Batteriekapazität:	12 V / 12 Ah

MASSE, GEWICHTE UND FÜLLMENGEN

Tankinhalt / Reserve:	20 / 4 Liter
Kraftstoffart:	Normalbenzin mind. 91 ROZ
Motorölmenge:	4,0 Liter
Kühlflüssigkeit:	2,3 Liter
Gabelöl links / rechts:	370 / 358 cm^3
Leergewicht vollgetankt:	222 (226) kg
L x B x H:	2 175 x 730 x 1 170 mm
Sitzhöhe:	780 mm

HÖCHSTGESCHWINDIGKEIT: 235 km/h

PREIS 1986: 12 243 Mark inkl. Nk

VFR 400 R (NC 24)

Einarmiger Bandit

Sie kam 1987 nicht nach Deutschland, weil sie zu teuer gewesen wäre, aber dennoch war die VFR 400 R, die bereits seit 1986 in Japan angeboten wurde, hochinteressant als Vorbote einer neuen Fahrwerkstechnologie. Was BMW Anfangs der 80er Jahre mit der Enduro R 80 GS vorexerzierte, fand bei Honda erst gut sechs Jahre später Eingang in die Serienfertigung: die Einarmschwinge. Im Langstreckenrennsport von Honda versuchsweise schon 1985 eingesetzt, ermöglichte sie Radwechsel in erstaunlich kurzer Zeit, da das Hinterrad des Werksrenners lediglich über eine Zentralmutter mit der Achse verschraubt war. Aber auch im Serienmotorrad schaffte die Einarmschwinge, bei Honda »Pro Arm« genannt, einige Vorteile, zum Beispiel bei der Wartung.

Was sich auf dem Papier so positiv anhörte, stellte die Ingenieure damals aber vor eine Reihe von Problemen. Neben Festigkeitseigenschaften waren letztlich auch günstige Produktionsmöglichkeiten zu berücksichtigen. Man entschied sich deshalb für eine gegossene Aluminiumschwinge mit einem sehr schmalen, dafür aber sehr hoch bauenden Schwingenarm, um die Durchbiegung zu unterbinden. Eine zusätzlich eingegossene waagerechte Zwischenwand brachte die geforderte Verdrehsteifigkeit. Damit das einseitig geführte Rad auch unter extremen Belastungen, wie beispielsweise beim Durchfedern in Schräglage, noch sauber in der Spur lief, führten sie den Schwingenarm extrem nahe am Rad vorbei und setzten die Radlagerung fast in die Mittelebene des Hinterrades. Aus diesem Grunde wölbten sich die acht Speichen der Hinterradfelge stark nach innen. Im Gegensatz zur herkömmlichen Radführung mit Zweiarmschwinge saß die Radlagerung der VFR 400 R aber nicht im Rad selbst, sondern in einem großen Exzenter, der in der hinteren Klemmfaust der Schwinge geführt war. Durch zwei Schrauben gegen Verdrehen gesichert, ermöglichte diese Lösung ein schnelles Spannen der Antriebskette durch einfaches Drehen des Exzenters. Auf der anderen Seite des Schwingenarmes befand sich eine kleine Bremsscheibe und daneben das Kettenblatt auf einem großzügig dimensionierten Antriebsruckdämpfer.

Verglichen mit dem direkten Vorgängermodell, das ebenfalls die Bezeichnung VFR 400 R trug und im wesentlichen bis auf die hintere Radführung in Form einer Aluminiumprofil-Zweiarmschwinge identisch war, realisierten die Honda-Techniker mit der Einarmschwinge erstaunliche physikalische Vorteile. Bei nur zehn Prozent größerem Querschnitt war die neue Gußschwinge 40 Prozent steifer geraten und fiel bei gleicher Torsionssteifigkeit rund zehn Prozent leichter aus. Im Fahrbetrieb machten sich die technischen Bemühungen rundherum positiv bemerkbar, weil nicht spürbar. Sowohl Fahrstabilität als auch Federungsarbeit ließen nicht zu wünschen übrig.

Großen Anteil am handlichen, zielgenauen und sta-

Die erste mit Einarmschwinge: Hondas VFR 400 R lehnte sich mit der Einarmschwinge, dem Alu-Rahmen und dem aufwendigen V4-Triebwerk stark an die RVF-Rennmaschinen aus der Endurance-WM an. Sportbegeisterten TT-F3-Piloten stellte HRC einen umfangreichen Tuning-Kit zur Verfügung

bilen Fahrverhalten der vollgetankt 183 Kilogramm leichten VFR 400 R trug der aus Strangpreßprofilen und Gußteilen verschweißte Leichtmetall-Brückenrahmen nach Vorbild der VFR 750 F (RC 24). Wie beim hubraumstärkeren Modell glänzte auch dieses Chassis mit geglückter Geometrie und hoher Steifigkeit bei geringem Gewicht. Die Wahl der Felgengrößen – vorne 16 und hinten 18 Zoll im Durchmesser – bereitete im Gegensatz zu den ersten VF-Modellen der ersten Generation keinerlei Probleme. Auch das Zentralfederbein und die mit dem Anti-Dive-System TRAC sowie Luftunterstützung bewehrte Telegabel vermochten hohe Ansprüche zu befriedigen. Die NC 24 durfte also getrost den Ruf einer maßstäblich verkleinerten VFR 750 F für sich in Anspruch nehmen.

Dies galt aber nicht nur für die Fahrwerkseigenschaften des kleinen Sportlers, sondern auch für das Triebwerk. Praktisch als verkleinerte Kopie des RC 24-Vierzylinders konzipiert, präsentierte sich der kleine V4 mit 55 Millimetern Bohrung und 42 Millimetern Hub. Aus den daraus resultierenden 399 Kubikzentimetern Hubraum schöpfte er 59 PS bei astronomischen 12500/min und entwickelte 41 Nm Drehmoment bei 10000/min. Führwahr enorme Werte, die das kleine Kraftwerk zu Papier brachte – doch der technische Aufwand war auch entsprechend hoch. Wie beim 750er-V4 der RC 24 übernahmen auch im kleinen Triebling Zahnräder den Antrieb der Nockenwellen und sorgten selbst bei so hohen Drehzahlen, wie sie der NC 24-Motor entwickelte, für exakte Einhaltung der Steuerzeiten.

Perfekte Kopien: Die Vorgängermodelle, die es wahlweise mit und ohne Verkleidung gab, orientierten sich optisch und technisch stark an der VFR 750 F (RC 24). Wie diese besaßen sie eine Zweiarm-Leichtmetallschwinge und einen Leichtmetallrahmen. Auch diese Modelle ließen sich mit einem HRC-Kit für die Rennstrecke zurechtmachen

Renner für Japan: Die VFR 400 R kam offiziell nie nach Deutschland. In Japan war sie ein Renner in der populären Klasse bis 400 Kubikzentimeter Hubraum, wo technisch höchst interessante Maschinen um die Gunst des Käufers warben

Doch all die technologischen Leckerbissen hatten schließlich ihren Preis, den letztlich nur japanische Motorradfahrer bereit zu zahlen waren. Aufgrund der strengen Führerscheinbestimmungen großvolumige Maschinen betreffend, entwickelte sich die 400er-Klasse dort zu einem höchst attraktiven Tummelplatz technisch interessanter Motorräder. Entsprechend groß war die Nachfrage nach Sportmodellen. Dieser Boom ist übrigens bis heute ungebrochen und mündete in der Mitte der achtziger Jahre sogar darin, daß Honda für die 400er-Rennklasse, die Formel 3, eigens eine Werksmaschine nach Vorbild des Endurance-Renners RVF 750, die RVF 400, entwickelte. Rückblickend betrachtet, war die VFR 400 R Anfang 1987 die technisch am höchsten entwickelte Serienmaschine von Honda. In puncto Einarmschwinge war sie gar die Vorreiterin für eine ganze Reihe neuer Modelle mit diesem Führungskonzept. Nur ganz wenige Exemplare fanden über einige Grau-Importeure den Weg auf den deutschen Markt. Gebrauchte NC 24 sind deshalb genauso rar wie Ersatzteile für dieses Modell, aber als wendiger Sportler für die Landstraße ist sie trotzdem zu empfehlen, denn die Technik war ausgereift und standfest.

TECHNISCHE DATEN VFR 400 R (NC 24)

MOTOR	
Bohrung x Hub:	55 x 42 mm
Hubraum:	399 cm^3
Verdichtung:	11,3 : 1
Leistung:	43 kW (59 PS) bei 12 500/min
Drehmoment:	41 Nm bei 10 000/min
GEMISCHAUFBEREITUNG	
Typ:	Vier Keihin-Vergaser VDE 2 C
Durchlaß:	30 mm
Hauptdüse:	vorne 115 / hinten 112
Leerlaufdüse:	35
KRAFTÜBERTRAGUNG	
Primärübersetzung:	2,117
1. Gang:	3,307
2. Gang:	2,352
3. Gang:	1,850
4. Gang:	1,545
5. Gang:	1,333
6. Gang:	1,227
Sekundärübersetzung:	2,588
FAHRWERK	
Radstand:	1 375 mm
Lenkkopfwinkel:	63 Grad
Nachlauf:	96 mm
Federweg vorne / hinten:	120 / 108 mm
Standrohrdurchmesser:	39 mm
Felgengröße vorne / hinten:	2.50 x 16″
	3.50 x 18″
Reifengröße vorne:	100/90-16 54 H
hinten:	130/70-18 63 H
Bremsen vorne:	276 mm-Doppelscheibe
hinten:	256 mm-Einzelscheibe
ELEKTRISCHE ANLAGE	
Zündkerzen:	NGK C8EH-9
Generatorleistung:	270 W / 5 000/min
Batteriekapazität:	12 V / 9 Ah
MASSE, GEWICHTE UND FÜLLMENGEN	
Tankinhalt / Reserve:	16 / 4 Liter
Kraftstoffart:	Normalbenzin mind. 91 ROZ
Motorölmenge:	3,1 Liter
Kühlflüssigkeit:	1,96 Liter
Gabelöl links / rechts:	350 / 340 cm^3
Leergewicht vollgetankt:	183 kg
L x B x H:	2 010 x 690 x 1125 mm
Sitzhöhe:	770 mm
HÖCHSTGESCHWINDIGKEIT:	ca. 190 km/h
PREIS 1987:	In Japan 679 000 Yen, umgerechnet 8 148 Mark inkl. Nk

VFR 750 R (RC 30)

Sportsfreund

Wurde die Einarmschwinge an der VFR 400 R (NC 24) noch als Hondas kleiner, aber exklusiver Vorritt in Sachen Fahrwerkstechnik verifiziert, bekam sie Ende 1987 mit der Vorstellung der VFR 750 R (RC 30) eine völlig neue Dimension. Honda hatte alle technischen Register gezogen und ohne große Rücksicht auf Kosten und Mühen nicht nur in diesem Punkt eine konkurrenzlose Supersport-750er geschaffen. Anhand der Einarmschwinge, des Brückenrahmens aus Aluminium und des aufwendigen V4-Triebwerks wurde bereits bei flüchtiger Prüfung klar, daß für die Konzeption der RC 30 die RVF-Werksrenner aus der Endurance-WM Pate gestanden hatten.

Das ist Spitze«, resümierte denn auch MOTORRAD in Heft 6 von 1988 zu recht, als die Technik des neuen Basis-Renners für den Superbike-Sport detailiert ergründet wurde. Gewaltige 112 PS leistete das V4-Triebwerk, das außer dem Zylinderwinkel von 90 Grad und dem Ventilwinkel von 38 Grad kaum mehr etwas mit den bisherigen V4-Triebwerken zu tun hatte. Zwar wurde das traditionelle Bohrung-Hub-Verhältnis von 70 zu 48,6 Millimetern auch bei diesem 750er-V4 beibehalten, doch wich man zugunsten einer gleichmäßigeren Zündfolge und einer besseren Verteilung des Abgasstroms in der aus Edelstahl gefertigten 4-in-1-Anlage wieder von der 180-Grad-Kurbelwelle ab. Die Hubzapfen der RC 30-Kurbelwelle lagen wieder wie bei der VF 750 F in einer Ebene, und der Zündversatz betrug nun auch wieder 360 Grad.

Neben dieser Rückkehr zum ursprünglichen V4-Konzept von Honda wies aber insbesondere die Mechanik des Motors entscheidende und für hohe Spitzenleistung unabdingbare Änderungen auf. Schließlich waren bei Honda zwei Tuning-Kits der Honda Racing Corporation HRC im Angebot, die die Leistung im Superbike-Trimm auf 125 PS und für TT-F 1-Rennen gar auf 133 PS schraubten. Schon von außen auffälligste Änderung waren die wesentlich kompakter bauenden Zylinderköpfe der RC 30. Kamen bei den bis dato gebauten Aggregaten Schlepphebel zum Einsatz, präsentierte sich das neue Triebwerk nun mit drehzahlfesteren Tassenstößeln, die einen insgesamt schmaleren Zylinderkopf und noch steilere und damit strömungsgünstigere Kanalführungen erlaubten. Die Ventileinstellung erfolgte nun auch nicht mehr über Einstellschrauben, sondern über Shims (Plättchen), die zwischen Ventil und Stößel lagen. Diese drehzahlfestere Lösung erforderte zum Einstellen des Ventilspiels allerdings den Ausbau der vier Nockenwellen.

Erfolgte der Antrieb der Nockenwellen bei der VFR 750 F (RC 24) noch über ein Zahnrad auf der Kurbelwelle, zwei Zahnrädern im Steuerturm und jeweils ein Zahnrad auf den Nockenwellen selbst, wies der Steuerturm der RC 30 nun einen Radsatz mit vier Exemplaren in zwei Ebenen auf. Mit dieser aufwendi-

Technik für Gourmets: Die VFR 750 R (RC 30) war von Honda als reinrassige Basis-Rennmaschine für den Superbike-Sport konzipiert worden. Im Renngeschehen kam sie 1988 und 1989 auch prompt zu Weltmeisterehren

gen Konstruktion wurde beabsichtigt, die Kurbelwellendrehzahl bereits vor der Nockenwelle auf unter 1:2 zu reduzieren, weshalb die beiden Zahnräder auf den Nockenwellen beinahe so klein wie jenes auf der Kurbelwelle ausfallen konnten und die erforderliche Drehzahlreduzierung von 1:2 gegenüber der Kurbelwellendrehzahl trotzdem erreicht wurde.

Allein um die Reibung im RC 30-Triebwerk gering zu halten, waren die Nockenwellen erst- und übrigens auch letztmals bei einem V4-Triebwerk aufwendig wälzgelagert. An den Außenseiten der Nockenwellen befanden sich jeweils zwei Kugellager, und zwischen Nocken und Steuerschacht übernahm je ein Nadellager die Führung der Welle. Nicht weniger als 24 Lagerstellen wiesen die Zylinderköpfe der RC 30 auf, im Gegensatz zu nur 16 Gleitlagerungen in den bisherigen Triebwerken. Im Gegensatz zu den sonst aus Hartguß gefertigten Nockenwellen bestanden die RC 30-Exemplare aus geschmiedetem Chrommolybdänstahl. Zur Montage der inneren Nadellager waren die Wellen, übrigens mit gleichen Erhebungskurven für Ein- und Auslaß (9 mm Hub), in je zwei Hälften geteilt und über Mittelstücke miteinander verpreßt.

Zur Leistungssteigerung gegenüber dem RC 24-Motor wuchsen auch die Atemwege. Der Einlaßventilteller wurde um einen auf nun 28 Millimeter erweitert, und die Auslaßpartner maßen nun 24,5 anstatt 23

Sport-Schau: Die Super-Honda sorgte nicht nur im Sport für Furore. Das Gesamtkonzept der Maschine war so gut durchdacht, daß sich gut gewartete RC 30 selbst heute vor keiner aktuellen 750er zu verstecken brauchen

Millimeter. Einen halben Millimeter mehr als die Ventilschäfte des 1988er-Modells der VFR 750 F maßen die RC 30-Schäfte mit 4,5 Millimetern. Von 34 auf 35,3 Millimeter erweiterten die Techniker den Venturi-Durchlaß der Keihin-Gleichdruckvergaser. Um bei Rennveranstaltungen rasch die Düsennadeln wechseln zu können, waren die Membrandeckel bei der RC 30 mit je einer abschraubbaren Kappe versehen, die den heiklen Ein- und Ausbau der Membrane erübrigte.

Von 10,5 auf 11 zu eins stieg die Verdichtung im V4 der VFR 750 R. Mit dem Ziel, die Reibung weiter zu reduzieren, verpaßten die Entwickler den Kolben nur noch einen Kompressions- und einen Ölabstreifring. Dadurch verringerte sich weiterhin die Bauhöhe und damit das Gewicht der Kolben. Vom Ölabstreifring abwärts waren die Kolben zur Reibungsminimierung mit Teflon-Molybdän beschichtet.

Wie es sich eigentlich nur für hochkarätige Rennmotoren geziemte, waren die Pleuel des RC 30-Triebwerks erstmals bei einem Serienmotor aus Recycling-Titan aus dem Flugzeugbau gefertigt. Das geringere Gewicht von jeweils 235 Gramm (VFR 750 F: 285 Gramm) reduzierte die Massenkräfte. Zwar war angesichts der Tatsache, daß Titan bei gleicher Festigkeit rund 43 Prozent leichter als Stahl ist, zu erwarten, daß die Gewichtseinsparung drastischer hätte ausfallen müssen, doch wurden die Schmiede-Pleuel wegen des gestiegenen Drehzahlniveaus erheblich steifer gefertigt. Ebenso wie die

Kolben waren die seitlichen Berührungsflächen der Pleuel wie die Kolben mit Teflon-Molybdän beschichtet.
Das Motorgehäuse selbst wies bei der RC 30 gegenüber der RC 24 minimale Abweichungen auf. Das zeigen beispielsweise die beiden unbearbeiteten Gußflansche, die bei der RC 24 die Leitungen zum Ölkühler aufnahmen. Das RC 24-Triebwerk leistete sich nämlich eine doppelte Ölpumpe, die das heiße Öl aus dem Sumpf zunächst durch den Ölkühler und von dort in die Saugkammer der Hauptpumpe förderte. Diese erst versorgte die Lagerstellen dann mit Öl.

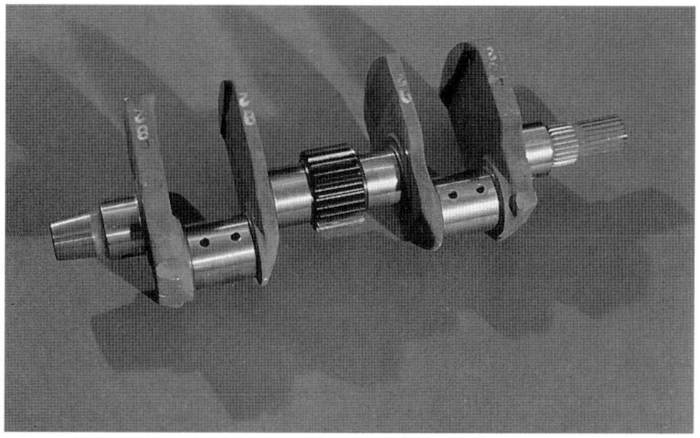

Schmal und steif: Die steife Kurbelwelle des RC 30-Triebwerkes konnte für den Einsatz im Rennsport übernommen werden. Das Zahnrad in der Mitte trieb die Stirnräder für die vier Nockenwellen an

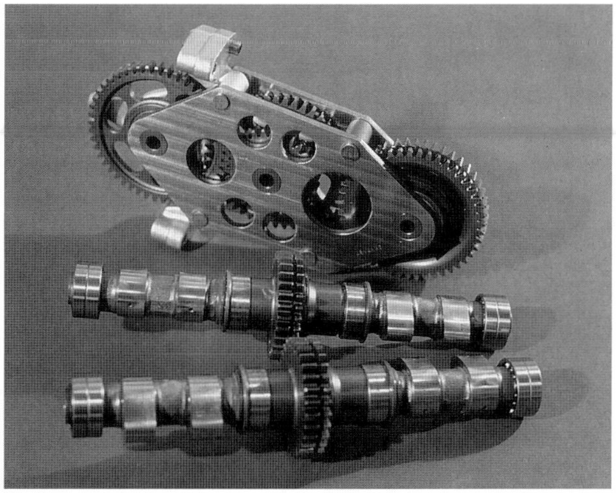

Aufwendig: Der Antrieb der Nockenwellen erfolgte über insgesamt 13 Zahnräder. Die Nockenwellen waren in jeweils sechs Wälzlagern geführt und zweigeteilt. Die beiden Hälften waren jeweils am Zahnkranz mit einander verspannt, um die Laufgeräusche zu minimieren

Dagegen besaß die RC 30 nur eine einfache Ölpumpe, die das heiße Öl aus dem Sumpf zunächst durch den um den Ölfilter herum angeordneten Wärmetauscher schickte und dann an die Lagerstellen förderte. Erfolgte die Schmierung der Zylinderlaufbahnen und die Kühlung der Kolben im RC 24-Triebwerk noch über Bohrungen im Pleuel, besaß die RC 30 Spritzbohrungen im Hauptölkanal, die von unten direkt auf die Kolben gerichtet waren.
Unangetastet blieb hingegen der Primärtrieb, aber die Getriebeübersetzungen lagen dichter beisammen mit langem erstem Gang. Für schnelles und sauberes Schalten waren die Klauen der Gangräder nun hinterschliffen. Zwar entsprach die Kupplung in der Dimensionierung der RC 24, wies aber eine Drehmoment-Begrenzung, die sogenannte Anti-Hopping-Clutch, zur Vermeidung des Hinterradstempelns beim Herunterschalten auf. Dabei saß die Hälfte der Kupplungs-Lamellen auf einem Freilauf, was im Schiebebetrieb ein gewolltes Durchrutschen der Kupplung und damit weniger Bremswirkung des Motors bedeutete.
Gegenüber der RC 24, die mit nur einem Wasserkühler auskam, trug man den gestiegenen thermischen Ansprüchen im neuen V4 mit zwei Kühlern Rechnung. In der Praxis stellte sich die verfügbare Kühlkapazität des RC 30-Systems aber rasch als zu gering heraus. Bei hohen Außentemperaturen standen alsbald 85 Grad Celsius und mehr auf dem Wasserthermometer, was der Leistung natürlich abträglich war. Manche RC 30-Fahrer rüsteten ihr Motorrad deshalb mit den großen Kühlern aus dem HRC-Kit aus, die eine abgesenkte Wassertemperatur von 70 bis 75 Grad schufen.
Außer diesem Punkt gab es im Fahrbetrieb an der VFR 750 R jedoch nur wenig zu mäkeln. Aufgrund des geringen Gewichts, des kurzen Radstands, des steilen Lenkkopfwinkels und – nicht zu vergessen – des schmal bauenden V4-Triebwerks glänzte die RC 30 mit formidablen Handling-Qualitäten, gepaart

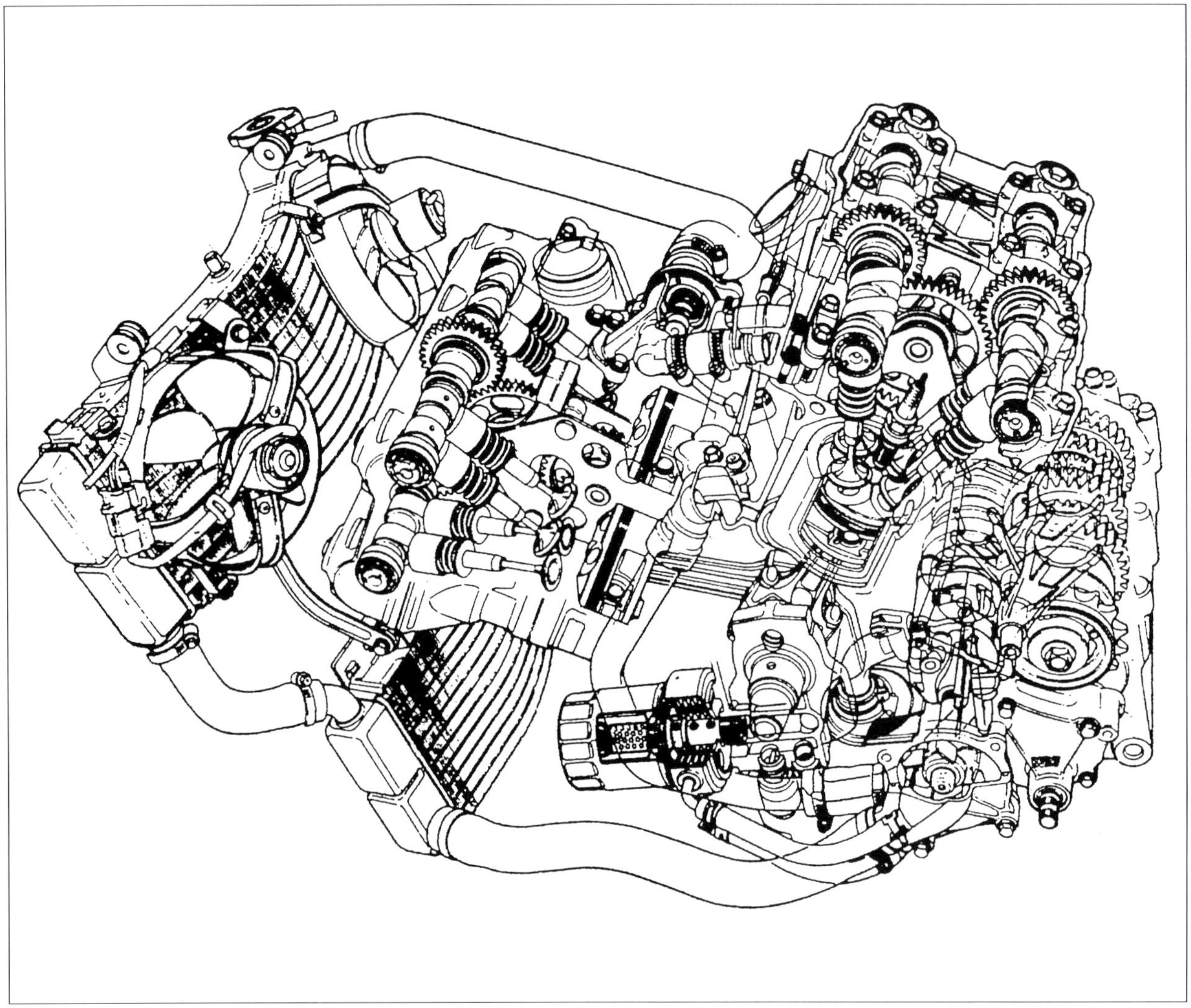

Kraft-Paket: Der 360-Grad-V4 der VFR 750 R besaß als erstes Serien-V4-Triebwerk über Tassenstößel betätigte Ventile. Dadurch fielen die Zylinderköpfe wesentlich kompakter aus. Dem anvisierten Einsatzzweck auf der Rennstrecke entsprechend, verfügte das Getriebe über einen sehr langen ersten Gang und eine enge Abstufung

mit stabilem Geradeauslauf und glänzendem Kurvenverhalten. Hinzu kam eine sportliche Sitzposition ähnlich der auf einer Grand-Prix-Maschine und hochwertige Fahrwerkskomponenten wie die in Zug- und Druckstufe einstellbare Telegabel mit 43 Millimeter starken Standrohren und Schnellklemmfäusten für die Achsklemmung, die schnelle Radwechsel ermöglichten.

Die Einarmschwinge wies – im Gegensatz zum ähnlichen Pendant an der VFR 400 R (NC 24) – sogar eine Zentralmutter zur Befestigung des 5,5 mal 18 Zoll großen Hinterrades nach Vorbild der RVF-Werksrennmaschinen auf. Der gegossene Schwingarm stützte sich über ein voll einstellbares und via Hebelei angelenktes Zentralfederbein ab. Ausstattungsdetails wie die handlaminierten Verkleidungs-

teile aus Glasgewebe oder der aufwendig gearbeitete Aluminiumtank rundeten den Eindruck von der Hochwertigkeit der RC 30 nachhaltig ab.
Das eigentliche Salz in der Suppe war – und ist heute noch – aber der Motor der RC 30. Trotz seiner konsequenten Auslegung auf Spitzenleistung brillierte er mit exzellenten Durchzugsqualitäten, legte bereits knapp über Standgas kontinuierlich an Drehzahl und Leistung zu, um bei rund 8000/min massiv an Power zuzulegen. Bis über 12000/min reichte sein nutzbares Drehzahlband. Die enormen Durchzugsqualitäten gerade im mittleren Drehzahlbereich heben ihn noch heute wohltuend kräftig von allen Reihenvierzylindern ab, die den richtigen Biß erst in oberen Drehzahlregionen entwickeln und mit merklich mehr Aufmerksamkeit bewegt werden wollen.
Die RC 30 gilt sowohl fahrwerks- wie motortechnisch immer noch als enorm gutmütig. Im Verein mit der hervorragenden Verarbeitungsqualität und der exklusiven Renntechnik scharte die als Basis-Renner für den Superbike-Sport konzipierte Honda in kurzer Zeit eine große und vor allem treue Fan-Gemeinde um sich. Die VFR 750 R wurde noch während ihrer Bauzeit von 1988 bis 1993 zum Inbegriff des Superbikes, was auch die Gründung spezieller Clubs und Interessengemeinschaften unterstreicht.

TECHNISCHE DATEN VFR 750 R (RC 30)

MOTOR	
Bohrung x Hub:	70 x 48,6 mm
Hubraum:	748 cm³
Verdichtung:	11 : 1
Leistung:	74 kW (100 PS) bei 11000/min
Drehmoment:	69 Nm bei 10500/min
GEMISCHAUFBEREITUNG	
Typ:	Vier Keihin-Vergaser VDH 0 B
Durchlaß:	35,3 mm
Hauptdüse:	vorne 115 / hinten 112
Leerlaufdüse:	38
KRAFTÜBERTRAGUNG	
Primärübersetzung:	1,939
1. Gang:	2,400
2. Gang:	1,941
3. Gang:	1,632
4. Gang:	1,435
5. Gang:	1,292
6. Gang:	1,192
Sekundärübersetzung:	2,500
FAHRWERK	
Radstand:	1 405 mm
Lenkkopfwinkel:	65 Grad 30'
Nachlauf:	91 mm
Federweg vorne / hinten:	120 / 130 mm
Standrohrdurchmesser:	43 mm
Felgengröße vorne / hinten:	3.00 x 17″ 5.50 x 18″
Reifengröße vorne:	120/70 V 17 V 270
hinten:	170/60 VR 18 V 270
Bremsen vorne:	310-mm-Doppelscheibe
hinten:	220-mm-Einzelscheibe
ELEKTRISCHE ANLAGE	
Zündkerzen:	NGK CR 9 EH 9, Nippon Denso V 27 SER 9
Generatorleistung:	374 W / 5 000/min
Batteriekapazität:	12 V / 8 Ah
MASSE, GEWICHTE UND FÜLLMENGEN	
Tankinhalt / Reserve:	18 / 3,5 Liter
Kraftstoffart:	Normalbenzin mind. 91 ROZ
Motorölmenge:	3,1 Liter
Kühlflüssigkeit:	2,4 Liter
Gabelöl links / rechts:	486 cm³
Leergewicht vollgetankt:	208 kg
L x B x H:	2 085 x 700 x 1 100 mm
Sitzhöhe:	785 mm
HÖCHSTGESCHWINDIGKEIT:	245 km/h
PREIS 1988:	25 270 Mark inkl. Nk

VFR 400 R (NC 30)

Kleiner Strolch

Ganz nach dem Vorbild des erfolgreichen Superbikes VFR 750 R (RC 30) schuf Honda den kleinen sportlichen Ableger VFR 400 R mit dem internen Werkscode NC 30. Basierend auf dem V4-Triebwerk des gleichnamigen Vorgängers NC 24 war dieses Motorrad ursprünglich nur für den japanischen Markt gedacht. Dort erfreuten sich Motorräder bis 400 Kubikzentimeter sowohl auf öffentlichen Straßen als auch im Rennsport großer Beliebtheit. Die Formel-3-Klasse war das Betätigungsfeld, für das Honda mit der VFR 400 R (NC 30) nunmehr ein erfolgversprechendes sportliches Basis-Motorrad bereitstellte.

Ganz wie das große Vorbild RC 30 verfügte sie über einen Aluminium-Brückenrahmen mit seitlichen Hauptträgern aus Strangpreßprofilen, die mit Gußteilen für Schwingenaufnahme und Lenkkopf verschweißt waren. Obligatorisch war die nach gleichem Muster wie bei der RC 30 gegossene Einarmschwinge mit Zentralmutter zur Hinterradbefestigung und eine ganz eng an das große Vorbild angelehnte Optik von Verkleidung, Tank und Sitzbank. Auf den ersten Blick war die 400er selbst von Insidern kaum von der großen RC 30 zu unterscheiden. Bei näherem Hinsehen identifizierten die deutlich geringen Abmessungen die Maschine aber eindeutig als verkleinerte Kopie.

In Deutschland war die NC 30 bis 1991 nur über Grauhändler zu beziehen und unterschied sich von der ab 1992 von Honda Deutschland offiziell importierten Version doch erheblich. Die grau importierte japanische Version verfügte nämlich über einen Geschwindigkeitsbegrenzer, der bei exakt 190 km/h den Zündstrom unterbrach, wie es die japanische Gesetzgebung für Motorräder dieser Hubraumkategorie vorsah. Für Deutschland fiel diese Tempobegrenzung ebenso weg, wie auch die offizielle Leistungsangabe von 59 PS bei 12500/min auf 61 PS bei gleicher Drehzahl angehoben wurde. Außerdem mühten sich in der japanischen Verkleidungsfront der kleinen Honda zwei zierliche Rundscheinwerfer um die Fahrbahnausleuchtung bei Nacht, wohingegen das deutsche Pendant zwei 130-mm-Scheinwerfer trug, die mittels Lampenmaske nachgerüstet wurden. Für Deutschland erhielt die NC 30 zudem einen zusätzlichen Ölkühler anstelle des ursprünglich am Ölfilter montierten Wärmetauschers, da sich die NC 30 in der japanischen Version thermisch vor allem dem schonungslosen Betrieb im Sporteinsatz nicht hundertprozentig gewachsen zeigte. Ganz wie die VFR 750 R (RC 30) kämpfte der kleine Ableger nämlich gleichfalls mit Hitzeproblemen, die durch Dampfblasenbildung im Bereich der Vergaser und der Benzinzufuhr zu schlechter Gasannahme und zu Leistungsverlusten führte. Die deutsche Version zeigte sich in dieser Hinsicht deutlich verbessert. Die korrigierte Leistungsangabe hatte indes keinen technischen Hintergrund, denn die Höchstleistung der 400er war

Schräg' laß' nach: Die VFR 400 R (NC 30) war eine exakte Kopie der RC 30 und damit ebenfalls für den Einsatz auf der Rennstrecke prädestiniert. Für Rennen in der vor allem in Japan populären Formel 3-Klasse stellte HRC einen umfangreichen Tuning-Kit bereit

in Japan aus Versicherungsgründen auf 59 PS festgelegt worden. Realistisch leistete der bereits aus der VFR 400 R (NC 24) bekannte V4 zwischen 61 und 63 PS.

Wenngleich das äußere Erscheinungsbild und das Fahrwerk-Layout engste Verwandtschaft zur RC 30 demonstrierten, zeigten sich im Detail doch große Unterschiede. Zwar war das Triebwerk ebenfalls mit einer Kurbelwelle mit null Grad Hubzapfenversatz und zahnradgetriebenen Nockenwellen bestückt, doch wurden die Ventile nicht via Tassenstößel, sondern über kleine leichte Schlepphebel betätigt. Im Grunde handelte es sich bei der Konstruktion der Zylinderköpfe um eine Konstruktion ähnlich jener der VFR 750 F (RC 24). Die Ähnlichkeit zur RC 30 zeigte sich nur optisch. Auch verfügte das Getriebe über eine konventionellere Straßenabstufung und nicht, wie bei der RC 30, über eine enge Staffelung mit sehr langem ersten Gang.

Ein weiterer qualitativer Unterschied waren die aus preiswertem ABS-Kunststoff gefertigten Verkleidungsteile. Hier bot die RC 30 schließlich teure, handlaminierte Verschalungen aus Glasfaser-verstärktem Kunststoff (GFK). Außerdem ermöglichte die kleine Schwester NC 30 sogar die Mitnahme eines Passagiers auf dem kleinen Sitzbrötchen der Höckerbank. Qualitativ weniger hochwertig fiel auch der Tank aus, der im Gegensatz zum Pendant der RC 30 aus schwererem Stahlblech gefertigt war.

Fahrwerksseitig mußte die NC 30 ebenfalls Abstriche hinnehmen. So war die Gabel im Gegensatz zum voll justierbaren Element der RC 30 weder in der Federvorspannung noch in der Dämpfung einstellbar. Anderes galt erfreulicherweise für das hintere Zentralfederbein. Dieses war sowohl in der Federhärte als auch in der Zug- und Druckstufendämpfung justierbar. Hochwertig wiederum präsentierten sich die Bremsen der NC 30. Die schwimmend gelagerte Doppelscheibe mit zwei Vierkolben-Festsätteln vorn und eine kleine Einzelscheibe mit Doppelkolben-Festsattel hinten zeigten sich der Leistung des rund 200 km/h schnellen Renners stets gewachsen und glänzten mit guter Dosierung und Standfestigkeit.

Im Fahrbetrieb wußte die VFR 400 R (NC 24) insbesondere durch ihr spielerisches Handling zu gefallen. Mit nur 193 Kilogramm Gewicht in vollgetanktem Zustand geriet sie zwar nur wenig mehr als zehn Kilogramm leichter als die fast doppelt so starke 750er, wies aber mit 65 Grad Lenkkopfwinkel, 94 Millimeter Nachlauf und 1385 Millimeter Radstand extrem günstige Werte für gute Handlingeigenschaften auf.

Gleichwohl glänzte der kleine Strolch mit besten Manieren in Punkto Geradeauslauf und gutem Ansprechverhalten der Federelemente. Selbst auf schlechten Pisten spendierte die NC 30 ihrem Piloten ein unerwartet hohes Maß an Komfort. Lediglich bei der gnadenlosen Hatz auf der Rennstrecke zollte die VFR 400 R (NC 30) ihrer relativ weichen Grundabstimmung durch einen leichten Verlust an Zielgenauigkeit Tribut.

Überaus sportiv präsentierte sich der 399 Kubikzentimeter große, wassergekühlte V4. Erst bei 12500/min stellte er seine Nennleistung von offiziell 61 PS bereit. PS – Das Sport-Motorrad Magazin maß auf dem Bosch-Rollenprüfstand für eine grau importierte Japan-Version gar 63 PS bei 12 300/min an der Kupplung. Knapp 14000/min drehte der kleine Vierzylinder – ohne mechanische Probleme mit der Kinematik des Ventiltriebs zu machen. Im Vergleich zu den supersportlichen 400ern der fernöstlichen Konkurrenz, die durch die Bank mit Reihenvierzylindern antrat, verwöhnte die Honda sogar mit Kraft im mittleren Drehzahlbereich. Das maximale Drehmoment von 40 Nm (Messung von PS – Das Sport-Motorrad Magazin) lag bereits bei 9500/min und damit weit vor der Nenndrehzahl an. Gemäß der alten Motorenbauregel, daß eine große Drehzahldifferenz zwischen maximalem Drehmoment und maximaler Leistung ein hohes Maß an Elastizität garantiert, zog der kleine Kraftzwerg bereits ab 4000/min willig an der Kette und bescherte aufgrund der gelungenen Abstimmung trotz des kleinen Hubraums sogar brauchbare Durchzugsqualitäten. Im sportlichen Einsatz aber war der Schaltfuß aufgefordert, häufig im gut zu bedienenden Sechsganggetriebe zu rühren, sollte es zügig vorwärts gehen, denn sein wahres Feuerwerk brannte das NC 30-Triebwerk erst oberhalb von 9000/min ab. Ab dieser Marke gab es Rennfeeling pur, sowie einen dumpfen, kräftigen Ton aus der 4-in-2-in-1-Anlage, die wie bei der RC 30 aus hochwertigem Edelstahl gefertigt war.

Dieses Rennfeeling und die Tatsache, daß die NC 30 gerade in Japan sehr erfolgreich war, veranlaßten Honda zu einer weiteren Überarbeitung der VFR 400 R. Nach dem Vorbild der in der Endurance-Welt-

Techno-Krad: Die VFR 400 R (NC 30) war wie die RC 30 vollgepfropft mit feinster Technik. Die scheinbare Unordnung kam durch eine Vielzahl von Öl- und Wasserschläuchen sowie Kabelstränge zustande

meisterschaft erfolgreichen Werksmaschinen vom Typ RVF 750 F erhielt die NC 30 für 1993 neue Verkleidungsteile und eine Luftzuführung zur Airbox über zwei Schläuche, die durch den Tank führten. Das Design entsprach exakt dem der RVF-Rennmaschine, wie sie 1992 bei den acht Stunden von Suzuka eingesetzt wurde. Das »OKI«-Design in den Honda-Farben Blau/Weiß/Rot sowie eine neue Auspuffanlage mit Doppelschalldämpfer rückte den kleinen Renner noch mehr in die Nähe der erfolgreichen Sportmaschinen. Dementsprechend geändert wurde auch der Name: Fortan trug sie die Bezeichnung RVF 400 R. Das ursprüngliche Modell VFR 400 R (NC 30) wurde aber dennoch weitergebaut. Die neue RVF 400 R blieb indes dem japanischen Markt vorbehalten.

TECHNISCHE DATEN VFR 400 R (NC 30)

MOTOR	
Bohrung x Hub:	55 x 42 mm
Hubraum:	399 cm^3
Verdichtung:	11,3 : 1
Leistung:	45 kW (61 PS) bei 12 500/min
Drehmoment:	39 Nm bei 10 000/min
GEMISCHAUFBEREITUNG	
Typ:	Vier Keihin-Vergaser VDE 3
Durchlaß:	32 mm
Hauptdüse:	vorne 122 / hinten 120
Leerlaufdüse:	35
KRAFTÜBERTRAGUNG	
Primärübersetzung:	2,117
1. Gang:	2,928
2. Gang:	2,166
3. Gang:	1,800
4. Gang:	1,591
5. Gang:	1,435
6. Gang:	1,318
Sekundärübersetzung:	2,666
FAHRWERK	
Radstand:	1 345 mm
Lenkkopfwinkel:	65 Grad
Nachlauf:	96 mm

Federweg vorne / hinten:	120 / 120 mm
Standrohrdurchmesser:	41 mm
Felgengröße vorne / hinten:	3.00 x 17″ 4.00 x 18″
Reifengröße vorne:	120/60 VR 17
hinten:	150/60 VR 18
Bremsen vorne:	300-mm-Doppelscheibe
hinten:	245-mm-Einzelscheibe
ELEKTRISCHE ANLAGE	
Zündkerzen:	NGK ER9EH
Generatorleistung:	270 W / 5 000/min
Batteriekapazität:	12 V / 6 Ah
MASSE, GEWICHTE UND FÜLLMENGEN	
Tankinhalt / Reserve:	15/2 Liter
Kraftstoffart:	Normalbenzin mind. 91 ROZ
Motorölmenge:	3,0 Liter
Kühlflüssigkeit:	2,0 Liter
Gabelöl links / rechts:	390 cm^3
Leergewicht vollgetankt:	193 kg
L x B x H:	2 225 x 780 x 1 280 mm
Sitzhöhe:	770 mm
HÖCHSTGESCHWINDIGKEIT:	201 km/h
PREIS 1992:	19 195 Mark inkl. Nk

VFR 750 F (RC 36)

Spiel-Vierer

Im Herbst 1989 präsentierte Honda auf der Grand-Prix-Rennstrecke im italienischen Misano den Nachfolger der erfolgreichen VFR 750 F (RC 24), von der zwischen 1986 und 1989 alleine in Deutschland 4458 Einheiten verkauft wurden. Zwar änderte sich am Namen mit Ausnahme der internen Modellbezeichnung, die jetzt RC 36 lautete, nichts, dennoch handelte es sich bei der neuen VFR um eine völlige Neukonstruktion. In stylistischer und technischer Anlehnung an die VFR 750 R (RC 30) wirkte das neue Motorrad nun deutlich sportlicher und einen Hauch aggressiver als die Vorgängerin.

War bereits die RC 24 ein Drehmomentbündel, schaffte es Honda beim neuen Triebwerk nochmals nachzulegen. Bei nahezu gleichen Eckdaten des Motors wie 70 Millimeter Bohrung und 48,6 Millimeter Hub vergrößerte sich der Vergaserwinkel von 40 auf 52 Grad durch die nun schmaleren Zylinderköpfe mit steileren und damit geraderen Einlaßkanälen. Konstruktiv war der wassergekühlte Vierzylinder eng verwandt mit dem Aggregat der RC 30. Das Motorgehäuse der RC 36 stammte wie übrigens schon das der RC 30 vom »Urvater« RC 24 ab. Die maßgeblichen Unterschiede der RC 36 lagen im Bereich der Ölführung in den Zylinderköpfen. Lediglich fertigungstechnisch machten die japanischen Ingenieure Zugeständnisse an eine möglichst günstige Herstellung. So verfügten die Zylinderköpfe zwar wie bei der RC 30 nun über via Tassenstößel betätigte Ventile, die Lagerung der insgesamt vier Nockenwellen erfolgte jedoch in Gleitlagern und nicht in Rollenlagern. Dadurch erlaubte sich Honda, die Einstellintervalle für das Ventilspiel auf stolze 36000 Kilometer auszudehen. Außerdem befand sich die Lagerung direkt im Aluminium des Zylinderkopfes und nicht wie bei der R-Version in separaten, herausschraubbaren Lagerböcken. Auch die Pleuel, bei der RC 30 aus Titan gefertigt, waren selbstredend aus preiswertem Stahl gefertigt.

In der Praxis verstand der Großserien-V4 die in Misano versammelte Journaille trotz dieser Zugeständnisse zu verzaubern, denn neben perfekter Gasannahme begeisterte das über eine größere Airbox beatmete Triebwerk mit noch satterem Durchzug als die ohnehin bereits nicht schwächliche RC 24. Darüber hinaus lag die Maximalleistung von 100 PS nun schon bei 10000/min anstatt wie bisher bei 10500/min an. Honda hatte den neuen V4 in seiner Charakteristik zweifellos noch besser auf die Anforderungen im Straßenbetrieb getrimmt – das Drehzahlband reichte ohne jeglichen Verschlucker von 2000/min bis über 10000/min. Allerdings kreideten manche Schreiberlinge der neuen Motorabstimmung den fehlenden Kick in der Leistungskurve an, so gleichmütig schickte der Vierzylinder seine Pferde ans 5,5 Zoll breite und mit einem 170/60 VR 17-Pneu besohlte Hinterrad.

Aufgrund der um 40 Millimeter kompakteren Zylin-

Am Limit: Die VFR 750 F (RC 36) war ein besonderes Allround-Talent. Wie ihre Vorgängerin, die RC 24, beherrschte sie sowohl sportliche Übungen wie auch die Fahrt in den Urlaub mit Sozia und Gepäck gleichermaßen gut

derköpfe konnte der Motor 34 Millimeter weiter vorn und 5,5 Millimeter tiefer plaziert werden, was in Verbindung mit dem verkürzten Radstand und dem tiefer gerückten Schwerpunkt noch bessere Handling-Eigenschaften brachte. Allerdings kompensierte der breite Hinterreifen wieder ein gutes Stück dieses Vorteils gegenüber der schmaler bereiften RC 24. Im Fahrbetrieb glänzte die RC 36 mit ihrer etwas strafferen Abstimmung trotzt des um 14 Kilogramm höheren Gewichtes mit hervorragender Zielgenauigkeit und besten Geradeauslaufqualitäten. Die vereinzelt bei der RC 24 aufgetretenen Schwächen in dieser Disziplin waren wie weggefegt.

Die Gründe für diese Verbesserungen waren in konstruktiver Hinsicht vielschichtig. Der Leichtmetall-Brückenrahmen orientierte sich mit den fünf- anstatt viereckigen Strangpreßprofil-Trägern nun klar am Chassis der RC 30 und gewann dadurch an Torsionsstabilität. Die Profilquerschnitte wuchsen von ehemals 60 mal 28 Millimetern auf nunmehr 80 mal 30 Millimeter. Die beiden aufwendigen Motoraufhängungen an den Zylinderköpfen, wie sie die RC 30 noch aufwies, ersetzten bei der RC 36 zwei seitlich um den Motor herumgezogene Vierkantprofilrohre. Ähnlich, aber ebenfalls preiswerter war die gegossene Einarmschwinge gefertigt, deren Nabe das Hinterrad nicht über eine Zentralmutter, sondern über vier Schrauben fixierte. Daneben erfolgte die Abstützung des hinteren Zweikolben-Schwimmsattels nicht via gelagertem Hebelsystem am Rahmen, sondern einfach direkt an der Schwinge. Abstriche machte Honda auch bei der Gabel mit 41 Millimeter starken Standrohren und 140 Millimeter Federweg, die zwar nach dem Cartridge-Prinzip, also mit Dämpferkartuschen, arbeitete, jedoch nur in der Federvorspannung sowie in der Zugstufe justierbar war. Zudem verbauten die Techniker keine teuren Festsattelzangen an der vorderen Doppelscheibe, sondern die tausendfach bewährten Doppelkolben-Schwimmsättel mit starr anstatt schwimmend gelagerten Bremsscheiben.

Der Funktion taten diese kaufmännisch bedingten Zugeständnisse jedoch keinerlei Abbruch. Sensibel und mit ausreichenden Dämpfungsraten versehen, erledigten die Federelemente ihren Job ohne Fehl und Tadel. Die sparsam ausgestattete Telegabel verlor durch das nun endgültig zu den Akten gelegte, weil ohnehin kaum wirksame Anti-Dive-System nicht nur an Gewicht, sondern gewann auch in der Funktion. Die Frontpartie nickte auch ohne den technischen Gimmick nicht über Gebühr ein, ohne daß durch diese Abstimmung irgendwelche Nachteile hätten in Kauf genommen werden müssen. Es ging also auch ohne. Eine neu berechnete Hebelumlenkung erlaubte dem Hinterrad nun einen Federweg von 130 anstatt wie bisher 105 Millimetern.

Die praktischen Erfahrungen der VFR-Besitzer sprachen im Laufe der Jahre Bände. »Keinerlei Mängel« oder »Immer problemlos« waren gängige Statements, wenn VFR-Piloten aus dem Alltag berichteten, und in der Tat absolvierte kaum eine Maschine Kilometerleistungen von 50 000 und mehr derart unspektakulär wie die RC 36. Diese positiven Erfahrungen machte auch die Fachpresse, die nach den Langstreckentests über 50 000 Kilometer rundherum löbliche Beurteilungen aussprach. Kein Zweifel: Honda hatte mit der VFR 750 F (RC 36) ein gutes Motorrad noch besser gemacht und es zudem geschafft, Sportlichkeit mit Tourenkomfort in fast idealer Weise zu kombinieren. Selbst groß gewachsene Fahrer saßen auf der VFR bequem und nicht einmal der Sozius fand Grund zu klagen. Insgesamt wurde die Sitzposition um 68 Millimeter gegenüber der RC 24 vorverlagert und die Fußrasten von Pilot und Beifahrer niedriger angebracht. Daneben kümmerten sich die Ingenieure wie fast immer um pfiffige Details, wie beispielsweise den nun im Blickfeld des Piloten positionierten Benzinhahn oder den mittels Kugelgelenk wegklappbaren Endschalldämpfer, der Reifenwechsel drastisch erleichterte.

Formal richtig: Auch die RC 36 kam wie die RC 24 ohne schreierische Kriegsbemalung aus. Die überaus gelungene Formgebung erlaubte den Verzicht auf Klebe-Dekors. Sie war sozusagen ein V4 im Nadelstreifenanzug

Die hervorragende Gesamtform, in der die VFR 750 F (RC 36) Anfang 1990 für 15 570 Mark in den Markt fuhr, war letztlich auch dafür verantwortlich, daß Honda dieses Modell erst für die Saison 1994 gründlich überarbeitete. Die Scheinwerfer der neuen VFR 750 F, die immer noch auf die interne Bezeichnung RC 36 hörte, waren aufregend schräg geschnitten und erinnerten – wie auch die rote Lackierung – entfernt an den sündhaft teuren Ovalkolbenrenner NR 750. Aber nicht alleine die aufgefrischte Optik, sondern zahlreiche Detailverbesserungen waren es, die das neue Modell auszeichneten. Die Honda-Techniker betonten, nicht weniger als 500 Teile der alten VFR überdacht zu haben. Spektakulärstes Ergebnis der Überarbeitung stellte die Gewichtseinsparung von rund zehn Kilogramm dar. Mit knapp 230 Kilogramm unterbot die neue VFR 750 F jetzt so manchen Supersportler. Und das, obwohl sich das Tankvolumen um zwei auf 21 Liter vergrößerte. Das mit Tankuhr, Temperaturanzeige, Tachometer und Drehzahlmesser üppig ausgestattete Cockpit basierte erstmals auf einer Leiterplatte, kam ohne große Verkabelung aus und war im Falle eines Defektes rasch zu tauschen.

Gleich blieb hingegen der Motor – lediglich die Vergaser und die Auspuffanlage hatten sich geändert. Statt der Gleichdruckvergaser mit runden Schiebern bereiteten nun solche mit Flachschiebern das Gemisch auf. Die 4-in-1-Anlage verzichtete jetzt auf einen Sammler und verfügte deshalb über einen deutlich voluminöseren Schalldämpfer.

Auf dem Fahrwerkssektor verringerte Honda in erster Linie das Gewicht der Leichtmetallfelgen, die vorne über sechs und hinten über fünf Speichen verfügten. Zudem verringerte sich die Breite des hinteren Rades um ein halbes auf fünf Zoll, was neben minimal besseren Handlingeigenschaften vor allem

Kompakte Lösung: Nach Vorbild der RC 30 bildeten zwei mächtige Strangpreßprofile das Herz des Leichtmetall-Fahrwerkes. Die Einarmschwinge wies allerdings eine Radbefestigung mit vier Schrauben auf, wohingegen die RC 30 eine Zentralmutter besaß

Bodenfreiheit in Schräglage brachte, da sich der Auspufftopf nun noch dichter an das Motorrad anschmiegen konnte.

Das Fazit der Fachpresse im ersten Fahrbericht, der Ende 1993 bei der Präsentation der neuen RC 36 auf der Rennstrecke im spanischen Jerez entstand, war einhelliges Lob ob der geglückten Überarbeitung der erfolgreichen Honda. Ralf Schneider, Test-Redakteur bei »PS – Das Sport-Motorrad Magazin«, brachte den Charakter der RC 36 denn auch folgendermaßen auf den Punkt: »Es gibt kaum bessere Motorräder, nur extremere.«

Nochmals verbessert: Für 1994 überarbeitete Honda die erfolgreiche RC 36 nochmals. Geringeres Gewicht und eine an den Ovalkolben-Renner NR 750 angelehnte Optik signalisierten hervorgelockte Sport-Talente

Ging gut: Mit ihrem durchzugsstarken Motor und dem bombensicheren Fahrverhalten erlaubte die VFR 750 F in der aktuellsten Version im Straßenbetrieb alle Übungen. Nicht nur für den Autor ist sie eines der besten jemals gebauten Straßenmotorräder überhaupt

TECHNISCHE DATEN VFR 750 F (RC 36)
(Werte für '94er-Modell in Klammern)

MOTOR

Bohrung x Hub:	70 x 48,6 mm
Hubraum:	748 cm^3
Verdichtung:	11 : 1
Leistung:	74 kW (100 PS) bei 10000/min (72 kW (98 PS) bei 10000/min))
Drehmoment:	73 Nm bei 8 000/min

GEMISCHAUFBEREITUNG

Typ:	Vier Keihin-Vergaser JEA (Vier Keihin-Flachschieber-Vergaser VD 35 B)
Durchlaß:	34,1 mm
Hauptdüse:	130 (125)
Leerlaufdüse:	40 (40)

KRAFTÜBERTRAGUNG

Primärübersetzung:	1,939
1. Gang:	2,846
2. Gang:	2,063
3. Gang:	1,632
4. Gang:	1,333
5. Gang:	1,154
6. Gang:	1,036
Sekundärübersetzung:	2,688

FAHRWERK

Radstand:	1 470 mm
Lenkkopfwinkel:	64 Grad
Nachlauf:	100 mm
Federweg vorne / hinten:	140(130)/130 mm
Standrohrdurchmesser:	41 mm
Felgengröße vorne / hinten:	3.50 x 17″ 5.50 (5.00) x 17″
Reifengröße vorne:	120/70 VR 17-V 250TL
hinten:	170/60 VR 17-V 250TL
Bremsen vorne:	296-mm-Doppelscheibe
hinten:	256-mm-Einzelscheibe

ELEKTRISCHE ANLAGE

Zündkerzen:	NGK CR8EH9/ND U24FER9
Generatorleistung:	374 W / 5 000/min
Batteriekapazität:	12 V / 10 Ah

MASSE, GEWICHTE UND FÜLLMENGEN

Tankinhalt / Reserve:	19 (21) / 4,5 Liter
Kraftstoffart:	Normalbenzin mind. 91 ROZ
Motorölmenge:	3,1 Liter
Kühlflüssigkeit:	2,3 Liter
Gabelöl links / rechts:	394 / 394 cm^3
Leergewicht vollgetankt:	240 (230) kg
L x B x H:	2 180 x 700 x 1 185 mm (2 100 x 720 x 1 185 mm)
Sitzhöhe:	800 mm

HÖCHSTGESCHWINDIGKEIT: 232 (239) km/h

PREIS 1990:	15 570 Mark inkl. Nk
1994:	19 195 Mark inkl. Nk

ST 1100 Pan European (SC 26)

Europa-Rad

Sie sind die modernen Mehrkämpfer unter den Motorrädern: Super-Tourer, die sowohl die große Reise wie auch die Hatz über kurvenreiche Schwarzwaldsträßchen souverän beherrschen. Gewissermaßen Allroundtalente also. Den Bedarf für diese Art von Motorrädern in Europa erkannte auch Honda und kreierte für die Saison 1990 eine Maschine, die Zeichen, ja in vielerlei Hinsicht sogar neue Maßstäbe setzen sollte: die ST 1100 Pan European. Allein der Name machte das anvisierte Einsatz- und Verkaufs-Terrain der ST 1100 unmißverständlich klar: Europa. Dem hohen Anspruch, einen Supertourer ganz für europäische Bedürfnisse zu schaffen, trug Honda mit einem speziellen Entwicklungskonzept Rechnung. So wurde bei der Konzeption der neuen Honda das Honda Research & Development-Center Europe in Offenbach einbezogen. Die ursprüngliche Idee, den Vierzylinder-Motor der CBR 1000 F für den neuen Tourer zu verwenden, mußte auf Druck von HRE dem Bau eines völlig eigenständigen Antriebes weichen. Man wollte einen Motor, der ganz speziell den Anforderungen in Europa entsprach. Kriterien wie Leistung, Drehmoment und Haltbarkeit sowie Wartungsarmut waren ganz speziell definiert worden – die ST 1100 sollte auch in diesen Punkten neue Maßstäbe setzen.

Letztlich entschied sich der Ingenieursstab für einen wassergekühlten Vierzylinder-V-Motor mit 90 Grad Zylinderwinkel, je zwei Nockenwellen pro Zylinderpaar und vier Ventilen pro Brennraum. Für ein Tourenmotorrad kam als Antrieb nur ein Kardan in Frage. Um sich eine aufwendige Umlenkung in der Kraftübertragung zu sparen, verbauten die Honda-Techniker den nur 92 Kilogramm schweren Vierzylinder mit längs liegender Kurbelwelle im Fahrwerk.

Obwohl bei einem Tourentriebwerk grundsätzlich keine hohen Drehzahlen angestrebt werden, spendierte Honda dem ST 1100-Motor eine aufwendige Ventilsteuerung, wie sie ansonsten nur in Hochleistungstriebwerken zu finden war. Vier obenliegende Nockenwellen betätigten 16 Ventile über Tassenstößel. Der Antrieb der Nockenwellen unterschied sich erheblich von üblichen Konstruktionen, denn ein Zahnriemen trieb von der Kurbelwelle aus jeweils eine Zwischenwelle pro Zylinderkopf an, die via Zahnräder die Nockenwellen antrieb. Aufgrund der Kombination dieser beiden Antriebstechniken nannte Honda dieses Konzept ›Hybrid-Type‹. Die erforderliche Halbierung der Kurbelwellendrehzahl geschah ausschließlich über den Riemenantrieb – die Zahnradsätze waren also im Verhältnis eins zu eins übersetzt. Gründe für diese aufwendige Konstruktion waren die etwas geringere Geräuschentwicklung sowie der geringere Platzbedarf im Zylinderkopf.

Die Nockenwellen-Antriebsräder waren geteilt und um einen halben Zahn vorgespannt. Diese Vorspannung verminderte die Laufgeräusche, ergab beim Ein- und Ausbau aber dennoch keine Probleme. Dies

Touren-Sohn: Mit der ST 1100 schuf Honda für die Saison 1990 ein Motorrad, das gezielt auf die Bedürfnisse europäischer Motorradfahrer zugeschnitten war. Daher letztlich auch der Beiname Pan European

war wichtig, denn zur Einstellung des Ventilspiels über die untenliegenden Shims mußten die Nockenwellen ausgebaut werden. Dieser Arbeitsgang war aber nur alle 24000 Kilometer notwendig. Außerdem präsentierte sich der V4 wegen des Längs-Einbaus servicefreundlich mit seinen seitlich herausragenden Zylinderköpfen. Gute Zugänglichkeit war also gewährt.

Wie beim Honda-PKW Legend handelte es sich beim Zahnriemen, der auch die Wasserpumpe antrieb, um ein Exemplar mit Rundzähnen, die bereits vor dem Aufvulkanisieren vorgeformt wurden. Erst nach 100000 Kilometern war eine Sichtkontrolle vorgeschrieben, der Austausch mußte gar erst nach 150000 Kilometern erfolgen.

Zwar liefen die Nockenwellen wie bei den VF-Motoren direkt im Aluminium des Zylinderkopfes, aber die Konstruktion hatte dennoch nur wenig mit dem Ur-V4 zu tun. So schrumpfte beispielsweise der Ventilwinkel von 38 auf 32 Grad, was einen flacheren und damit wirkungsvolleren Brennraum ergab. Dies war wichtig, um Verbrauch und Schadstoffausstoß zu optimieren. Die Zylinderbohrung von 73 Millimetern wurde von den 27,5 Millimeter großen Einlaß- und 23 Millimeter messenden Auslaßventilen mit 4,5 Millimeter dünnen Schäften nahezu optimal ausgenutzt. Der Hub der Einlaßpartner betrug 8,4, der der Auslaß-Pendants 7,9 Millimeter.

Die Brennräume waren leicht in die Kolbenböden eingelassen und die gegossenen Leichtmetallkolben liefen in trockenen Laufbuchsen, deren oberer Rand direkt vom Kühlwasser umspült wurde. Diese Konstruktion nannte sich ›open deck‹. Die Zylinder selbst waren wie bei allen anderen Serien-V4-Motoren von Honda direkt an die obere Hälfte des horizontal geteilten Gehäuses angegossen.

Durch den seitlich angeordneten Antrieb der Nockenwellen vom vorderen Kurbelwellenstumpf aus fiel die Kurbelwelle der ST 1100 Pan European 55 Millimeter schmaler als die Welle des Vierzylinders der VF 1100 C aus. Aufgrund der Bauweise sparte sie sich gegenüber diesem Motor auch ein Kurbelwellen-Hauptlager. Der Kurbeltrieb war lediglich in drei Hauptlagern geführt. Getreu dem ursprünglichen V4-Konzept von Honda betrug der Versatz der Hubzapfen null Grad, der Zündversatz 360 Grad. Die ungleichmäßige Zündfolge von 90 – 270 - 90 – 270 Grad Zündabstand ergab zudem ein betont kerniges und damit Tourer-konformes Motorengeräusch. Aufgrund des schräg verzahnten Primärtriebes stützte sich die Kurbelwelle über ein zusätzliches Axiallager am Gehäuse ab.

Im Fahrbetrieb zeitigte die aufwendige Motorenkonstruktion der ST 1100 einige Überraschungen. Trotz der längs liegenden Kurbelwelle neigte sie beim Beschleunigen und beim Schließen des Gasgriffes keineswegs dazu, um die Längsachse zu schwanken, wie es beispielsweise der BMW-Boxer oder der Guzzi-V2 tut. Dem Schwungmassenmoment entgegen wirkten die entgegengesetzt rotierende Kupplung samt Ruckdämpfer sowie die ebenfalls in anderer Drehrichtung laufende Kurbelwelle.

Daß viel Plastik durchaus auch Vorteile haben kann, bewies die ST 1100 bei Regenfahrten. Der Pilot bekam relativ wenig Wasser ab. Genauso übrigens wie Wind, den die Verkleidungsscheibe überaus wirksam von ihm abhielt.

Das vibrationsarme und durchzugsstarke Triebwerk mit einem maximalen Drehmoment von 111 Nm bei 6000/min strotzte vor Kraft und lud geradezu zu schaltfauler Fahrweise ein. Dennoch konnte die Pan European bei fleißiger Bedienung des Fünfganggetriebes durchaus auch sportliche Talente aufblitzen lassen und bescherte bei den Tests der Fachpresse stets enorme Fahrleistungen. Die Summe seiner Eigenschaften stempelte den Motor zum idealen Tourenbegleiter. Dazu paßte in jedem Falle auch der exzellente Komfort, den die großzügig dimensionierte

Unter Schlupf: Straßenverhältnissen mit verminderten Haftungsbedingungen begegnete Honda mit dem Anti-Blockier-System ABS und einer TCS genannten Traktionskontrolle (TCS:= Traction Control System)

Zeigt Zähne: Die Impulse für die Raddrehzahl zur ABS- und TCS-Steuerung wurden an beiden Rädern über Zahnkränze in Verbindung mit Drehzahlsensoren abgenommen

und gut gepolsterte Sitzbank den Passagieren bot. Selbst nach mehrstündiger Non-stop-Fahrt stieg man relaxed von der Pan European ab.

Nicht zuletzt war dies auch ein Verdienst der komfortablen Fahrwerksabstimmung. Sowohl das hintere Zentralfederbein mit justierbarer Zugstufendämpfung und fünffach einstellbarer Federbasis wie auch die Telegabel mit 41 Millimeter starken Standrohren gefielen mit sensiblem Ansprechverhalten und homogener Abstimmung. Besonders verblüfft waren die Piloten von der Handlichkeit der 312 Kilogramm schweren Maschine.

Moment mal: Das wassergekühlte Triebwerk der ST 1100 war Hondas einziger V4 mit längsliegender Kurbelwelle. Die vier obenliegenden Nockenwellen wurden vom vorderen Kurbelwellenstumpf aus über Zahnriemen angetrieben. Mit 73 Millimetern Bohrung und 64,8 Millimetern Hub war der Motor relativ langhubig konstruiert, was für viel Drehmoment und Durchzugskraft im unteren Drehzahlbereich sorgte

Zweifellos stieß Honda mit der ST 1100 Pan European eine neue Epoche in puncto Tourenmotorrad auf. Ein großer 28-Liter-Tank, die hohe Zuladung von 208 Kilogramm sowie wahlweise ein gut wirkendes Anti-Blockier-System rundeten das Angebot an hoher Funktionalität ab. Als erstes Serien-Motorrad der Welt trumpfte die Honda zudem mit einer Anti-Schlupf-Regelung (TCS = Traction Control System) auf, die das Durchdrehen des Hinterrades auch auf rutschigem Untergrund verhinderte. Das beste Zeugnis stellte aber die MOTORRAD-Testcrew dem Super-Tourer aus. Stolze 100 000 Kilometer bewegten sie die Pan European im Langstreckentest und kamen nach dem Zerlegen der Testmaschine zum Befund, daß nochmals 50 000 Kilometer problemlos drin gewesen wären. Wenn das kein Lob war!

TECHNISCHE DATEN ST 1100 (SC 26)

MOTOR	
Bohrung x Hub:	73 x 64,8 mm
Hubraum:	1084 cm^3
Verdichtung:	10,0 : 1
Leistung:	74 kW (100 PS) bei 7 500/min
Drehmoment:	111 Nm bei 6 000/min
GEMISCHAUFBEREITUNG	
Typ:	Vier Keihin-Vergaser VD 32
Durchlaß:	31,6 mm
Hauptdüse:	128
Leerlaufdüse:	40
KRAFTÜBERTRAGUNG	
Primärübersetzung:	1,83
1. Gang:	2,27
2. Gang:	1,50
3. Gang:	1,14
4. Gang:	0,92
5. Gang:	0,76
6. Gang:	
Sekundärübersetzung:	2,83
FAHRWERK	
Radstand:	1 555 mm
Lenkkopfwinkel:	62 Grad 30'
Nachlauf:	101 mm
Federweg vorne / hinten:	150/120 mm
Standrohrdurchmesser:	41 mm
Felgengröße vorne / hinten:	3.00 x 18″ 4.50 x 17″
Reifengröße vorne:	110/80 V18
hinten:	160/70 V 17
Bremsen vorne:	316-mm-Doppelscheibe
hinten:	296-mm-Einzelscheibe wahlweise mit Anti-Blockier-System (ABS)
ELEKTRISCHE ANLAGE	
Zündkerzen:	NGK CR8EH9
Generatorleistung:	420 W / 5 000/min
Batteriekapazität:	12 V / 12 Ah
MASSE, GEWICHTE UND FÜLLMENGEN	
Tankinhalt / Reserve:	28/– Liter
Kraftstoffart:	Normalbenzin mind. 91 ROZ
Motorölmenge:	3,6 Liter
Kühlflüssigkeit:	3,0 Liter
Gabelöl links / rechts:	435 / 385 cm^3
Leergewicht vollgetankt:	325 kg
L x B x H:	2 285 x 835 x 1395 mm
Sitzhöhe:	800 mm
HÖCHSTGESCHWINDIGKEIT:	217 km/h
PREIS 1990:	22 240 Mark inkl. Nk 24 990 Mark mit ABS und TCS

NR 750 (RC 40)

Bilder aus der Wissenschaft

Oftmals sind es gerade die unvernünftigen Dinge, die uns im Leben soviel Freude bereiten. Unvernünftig weil teuer, erfreuend weil extravagant. Genau so ein unvernünftiges Ding stellte Honda im Herbst 1991 auf die Räder: die NR 750. Stark angelehnt an die Prototypen-Rennmaschine von 1987 präsentierte Honda endlich den Vierzylinder, der eigentlich ein Achtzylinder war. Vier ovale Kolben, jeweils acht Ventile pro Brennraum im Winkel von 29 Grad zueinander und zwei 8-Millimeter-Zündkerzen pro Zylinder, die erstmals bei der VFR 400 R verwendet wurden, setzten neue Highlights im Vierzylinderbau. Allerdings mußte sich der Kunde für eine Liaison mit der 125 PS starken und bis zu 16 000/min hoch drehenden 750er-Honda von der stolzen Summe von 100 000 Mark trennen. Viel Geld für ein Motorrad – fast schon ein wenig unvernünftig.

Wer allerdings eine astreine Renn-Replica erwartete, wurde enttäuscht. Die NR 750 war nicht für den Kampf um Platz oder Sieg, sondern als supersportliches Straßenmotorrad konzipiert worden. Dementsprechend zwang die NR 750 dem Piloten auch keine zusammengekauerte und angestrengte Sitzposition auf, sondern verwöhnte mit einem perfekten Ergonomie-Angebot auf der breiten Sitzbank, die Bestandteil eines Tank-Sitzbank-Monocoques aus sündhaft teurer und perfekt verarbeitetem Kohlefaser-Laminat war.

Im Motor selbst wurde allerdings alles verbaut, was der Begriff »Renntechnologie« zum Thema Viertakter im Hause Honda zu bieten hatte. So wurden die 32, über Tassenstößel betätigten Ventile über vier von insgesamt elf Zahnrädern bewegten Nockenwellen geöffnet. Die beiden Pleuel pro Kolben waren aus hochwertigem Titan gefertigt und das Getriebe mit sechs Gängen war als bequem herausziehbares Kassettengetriebe ausgeführt. Dies war vor allem durch den Einsatz in Barry Sheenes 500er Grand-Prix-Suzuki bekannt geworden – Honda griff bei seinem Renner nun wieder auf dieses technische Schmankerl zurück. Bei einem anstehenden Wechsel der Übersetzungen oder einem technischen Defekt mußte nicht der Motor ausgebaut und zerlegt werden – das Getriebe konnte einfach nach rechts herausgezogen werden. Die groß dimensionierte Siebenscheiben-Naßkupplung verfügte wie die Pendants in der VFR 400 R und der VFR 750 R über die Anti-Hopping-Elemente, die im Schiebebetrieb das Rückdrehmoment begrenzten und damit das Hinterradstempeln verhinderten. Um dem gestiegenen Bedarf an elektrischer Energie durch die Einspritzung Rechnung zu tragen, entwickelte Honda einen speziellen Generator mit hoher Leistung auf der Basis eines besonders hochwertigen Neodymium-Ferrit-Boron-Magneten, der über ein besonders starkes Magnetfeld verfügte und den leistungsstarken Generator daher trotzdem leicht geraten ließ.

Der Gipfel: Mit der NR 750 brachte Honda den Ovalkolben-V4 zur Serienreife, der ursprünglich für den Rennsport mit der NR 500 entwickelt wurde. Das Serientriebwerk orientierte sich konstruktiv stark am Renn-Vorbild NR 750 von 1987

Die Einspritzung mit dem Namen PGM-FI (Programmed Fuel Injection) bemaß die Gemischaufbereitung auf der Basis von Berechnungen eines 16-Bit-Mikroprozessors, der seine Kennfelddaten von sieben Sensoren erhielt. Dem Nockenwellen-Sensor, der den Einspritzzeitpunkt für jeden Zylinder meldete, dem Kurbelwellen-Sensor, der die augenblickliche Drehzahl und die Position des Kolbens angab, dem internen Drucksensor, einem Sensor für die Drosselklappenstellung, sowie Sensoren für die Kühlwassertemperatur, die Ansauglufttemperatur und den atmosphärischen Druck. Die zu den jeweiligen Gemischdaten korrespondierenden Zündzeitpunkte errechnete ebenfalls der Prozessor über das PGM-IG-System (Programmed Ignition-System).

Jeden noch so kleinen Dreh am Gasgriff beantwortete der mit 75,3 Millimetern Bohrung (rund gerechnet) und 42 Millimetern Hub (Zylindermaße 101,2 x 50,6 Millimeter) extrem kurzhubig ausgelegte V4 mit spontanem Krafteinsatz. Verblüfft registrierten die Fahrer, daß das wassergekühlte Triebwerk mit null Grad Hubzapfenversatz bereits ab Standgasdrehzahl lochfrei hochzog und mit großer Durchzugskraft glänzte. Hierbei spielte die Saugrohr-Einspritzung mit acht Drosselklappen eine wesentliche Rolle, denn sie stellte stets das richtige Gemisch in Abhängigkeit von Parametern wie Drosselklappenstellung, Motordrehzahl, Luftdruck und Ansauglufttemperatur bereit.

Gleichmäßig beschleunigte die NR 750 und brannte

Schwaben-Streich: Tuner Eberhard Schwarz aus Bad Urach/Wittlingen, der durch seine AMC-Gitterrohrfahrwerke für verschiedene japanische Motoren bekannt wurde, verwandelte die VF 750 F mittels Vollverkleidung und variierbarer Höckersitzbank in einen Supersportler. Eine hochwertige Fußrastenanlage sowie eine 4-in-1-Auspuffanlage rundeten den Umbau ab. Speziell die Linienführung der AMC-Honda gelang dem Schwaben ausgesprochen gut. Auch die Qualität der Kunststoffteile war vom Feinsten. Aufgrund des serienmäßig belassenen Antriebes änderte sich an den Fahrleistungen jedoch nichts. Auch das Fahrzeuggewicht bewegte sich auf Serien-Niveau

Oben: Einfach behrig: Diplom-Ingenieur Michael Behr schuf dem RC 24-Motor der VFR 750 F als Grundlage seiner Diplomarbeit ebenfalls ein Achsschenkel-Fahrwerk mit aufwendig aus dem Vollen gefrästem Aluminium-Hauptrahmen. Die vordere Stahlrohrschwinge arbeitete mit einem seitlich angelenkten Federbein nach Bimota- und Yamaha-Vorbild. Die Übertragung der Lenkkräfte erfolgte wie bei der Bakker-QCS über ein Scherengelenk. Erwähnenswert ist die Verwendung vieler Serienteile, wie zum Beispiel Tank, Schwinge, Elektrik sowie Hinterrad samt Federbein, um die Baukosten in überschaubaren Grenzen zu halten. Gewicht und Fahrleistungen der 750er von Michael Behr bewegten sich auf dem Niveau der serienmäßigen VFR 750 F

Links: Lenksport-Aufgabe: In der Bakker-QCS bewies der 750er-V4 der VFR 750 F (RC 24) sein Talent zu außergewöhnlichen Lösungen und fungierte im holländischen Achsschenkel-Chassis von Nico Bakker als tragendes Fahrwerks-Bauteil. Lediglich eine 325 Millimeter durchmessende Bremsscheibe im Vorderrad bedingte eine außergewöhnliche Lösung in Form eines belüfteten Sechskolben-Bremssattels, den Bakker eigens für dieses Projekt konstruierte. Mit knapp 180 Kilogramm fahrfertigem Gewicht überzeugte die Bakker-QCS mit vorzüglichem Handling. Lob erteilte »MOTORRAD« dem Achsschenkel-Renner für die besonders sensibel ansprechende Frontpartie. Das Motorrad gefiel zudem mit einem sehr guten Einlenkverhalten

Runde Sache: Die von Boxer Evolution im südfranzösischen Toulouse gebaute VF 750 F besaß einen perfekt verarbeiteten Doppelschleifen-Leichtmetallrahmen sowie exzellente Details wie etwa den unter der Sitzbank verlegten 4-in-4-Auspuff. Auch beim Design leisteten die französischen Macher ganze Arbeit. Die Formen waren fließend und wirkten ausgesprochen harmonisch. Endergebnis war ein sehr schönes und aerodynamisch zudem günstig gestyltes Motorrad

Chef-Sache: Roland Eckerts VFR 750 RK war im Prinzip eine aufs Hochwertigste veredelte VFR 750 F (RC 24). Selbstgefertigte Sechskant-Titanschrauben wohin das Auge reichte, und massenhaft Teile aus dem HRC-Kit machten den Umbau aus. Die aus riesigen Vollmaterial-Rohlingen gefertigten Verbundräder sprachen zudem schlicht für sich selbst. Sie waren nur eines der extremen und positiven Ergebnisse Eckertschen Perfektionsdranges

HONDA
HRC
HONDA RACING
Eckert
HONDA
HONDA

Kraft-Akt: Der Honda-Händler und damalige Egli-Importeur Reinhold Kraft forcierte von 1983 bis 1985 das Projekt der Egli Argon, um aus der behäbigen VF 1000 F einen agilen und gleichsam fahrstabilen Supersportler zu machen. Mit größerem 18-Zoll-Vorderrad, geänderter Gabel-Abstimmung und gekürzten Federwegen gewann die umgebaute VF 1000 F im Target-Design merklich an Lenkpräzision und zudem an Fahrstabilität bei hohem Tempo

Renn-Rad: Bernhard Gaidosch, ambitionierter Honda-Händler aus Aßlar, legte bei der Veredelung seiner RC 30 größten Wert auf eine harmonische Verbindung von Funktionalität und ansprechender Optik. Im Gegensatz zur Serien-Version der VFR 750 R spendierte Gaidosch dem V4-Renner einen hochglanzpolierten Rahmen nebst Schwinge sowie eine auffällige und qualitativ hochwertige Lackierung mit mehreren Schichten Klarlack. Die Verkleidungsteile entsprachen formal der Serien-Verschalung, waren aus Gründen der Gewichtsersparnis jedoch aus teurem Carbon-Kevlar-Gewebe gefertigt. Zahlreiche farbig eloxierte Anbauteile aus Aluminium rundeten den optischen Auftritt der Gaidosch-RC 30 ab

HONDA
MARVIC
MARVIC

Kit-verdächtig: Bernhard Gaidosch beließ es bei der Veredelung der RC 30 nicht lediglich bei optischen Veränderungen, sondern kümmerte sich auch um die Technik. So erhielt der V4 etwa Kolben und Nockenwellen aus dem HRC-Superbike-Kit und erstarkte zusammen mit angepaßter Auspuff- und Vergaserabstimmung auf rund 125 PS Leistung. Magnesium-Räder von Marvic sowie zahlreiche Leichtmetallschrauben halfen zudem, das fahrfertige Gewicht auf etwa 190 Kilogramm zu drücken

Gelb-Anlage: Autor Jürgen Gaßebner investierte seinerzeit nicht unbeträchtlich in den Umbau der VF 750 F. Räder, Bremsen, Rahmen, Motor sowie Verkleidungsteile wurden geändert. Zahlreiche Detailoptimierungen rundeten den Umbau ab. Das VF-Triebwerk erstarkte mittels Nockenwellen und Steuerketten von HRC, 36er-Keihin-Vergasern und einer 4-in-2-in-1-Auspuffanlage von der VFR 750 R (RC 30) schließlich auf 95 PS bei 9 800/min und glänzte mit einer harmonischen Abstimmung

Täuschend ähnlich: Die RS 750 R Endurance-Replica des Autors entstand auf der Basis eines VF 750 F-Rahmens. Unter den Original-Verkleidungsteilen von HRC offenbarte die 148 PS starke Replica neben dem hochglanzvernickelten Rahmen eine Menge feiner Lösungen, wie etwa die handgearbeitete Edelstahl-Auspuffanlage nach dem Vorbild des Werks-Renners. Beim eingebauten 998er-Triebwerk handelte es sich um eine Eckert-Entwicklung aus dem Jahr 1985. Peter Rubatto bewegte den drehmomentgewaltigen V4 damals in der deutschen Superbike-Meisterschaft. Der Eckert-Motor basierte auf zahlreichen Werks-Teilen der RS 750 R sowie dem Motorgehäuse der serienmäßigen VF 1000 R

French Connection: Das Chassis des französischen Fahrwerksbauers Georges Martin für den V4 der Honda VF 750 F kam 1983 auf den Markt, bestand aus drei Baugruppen und war handwerklich perfekt gearbeitet. Diese Variante mit dem Triebwerk der VF 1000 F2 und der Auspuffanlage der RC 30 entstand ebenfalls unter der Regie des Autors und war wie die RS 750 R Endurance-Replica Gegenstand des Buchtitels »Edel-Bikes selbstgebaut«. Der unten offene Brückenrahmen war aus Reynoldsrohren verschweißt und verchromt. Ihn hinter einer Vollverkleidung zu verstecken, brachte der Autor letztlich nicht übers Herz und schuf deshalb in Eigenregie eine schlanke Halbschale sowie einen Motorspoiler

SUZUKA RVF REPLICA
OKI
HONDA
HONDA
HRC
VFR-R
OKI
HONDA
elf
RK
SHOWA

Spirit of Suzuka: Die RC 30 des Schweizers Eduard Neuhaus war mit der Verkleidung und der Sitzbank der '90er-Werks-RVF 750 F ganz der siegreichen Endurance-Rennmaschine im OKI-Design nachempfunden, wie sie 1990 von Honda bei den 8 Stunden von Suzuka eingesetzt wurde. Bremsscheiben und Räder stammten aus dem HRC-Kit, beim Triebwerk hingegen setzte der Schweizer auf zuverlässige Serientechnik. Schließlich war die RVF-Replica als Rennmaschine für die Straße gedacht

ab 8000/min ein eindrucksvolles Feuerwerk ab, dem der rote Bereich auf dem Drehzahlmesser erst bei 15000/min Einhalt gebot. Bis zur 12000/min-Markierung ähnelte das Motorengeräusch durchaus dem vertrauten Röhren der VFR 750 R (RC 30), darüber entwickelte der Ovalkolben-Brenner einen ganz eigentümlich heulenden, turbinengleichen Ton, wie ihn kein anderer Vierzylinder je bieten konnte. Ein elektronischer Drehzahlbegrenzer schützte die teure Mechanik vor dem Drehzahlkollaps und riegelt über eine Unterbrechung der Einspritzung bei 16 000/min sanft ab und verhinderte so, daß vielleicht doch eines der acht Titanpleuel den Weg ins Freie suchte.

Obwohl nicht als Renn-Replica, sondern als Straßen-Sportler konzipiert, stammten neben dem aufwendig gefertigten Motor viele Fahrwerksdetails aus dem Rennsport. So zum Beispiel die Einarmschwinge aus Aluminium, durch deren linkes Profil die Antriebskette in einem Tunnel lief. Eine Rückkehr zu alter Technik feierte Honda mit dem Einbau eines 16 Zoll-Vorderrades, das seinen Ursprung ja ebenfalls im Rennsport hatte. Trotz des superbreiten 130/70 ZR-16-Pneus war das Lenkverhalten sowie die Aufstellneigung beim Bremsen in Schräglage tadellos. Vom gefürchteten Aufstellmoment, wie es die ersten 16-Zoll-Fahrwerke anfangs der 80er Jahre noch an den Tag legten, war nichts zu spüren. Der eigens für die NR 750 von Michelin entwickelte Vorderradreifen war eine völlige Neukonstruktion. Da sein Durchmesser mit 590 Millimetern gerademal fünf Millimeter kleiner als der eines 120/70-17-Reifens war, unterschied sich das Fahrverhalten demgemäß auch nicht spürbar vom 17-Zöller. Aufgrund der sehr runden Kontur, die der 130er auf der 3,5 Zoll

Vorsicht bitte: 100000 Mark auf zwei Rädern zu bewegen, hemmt entschieden die Gas-Hand. Eigentlich schade, denn der 750er-V4 war ein Gedicht in puncto Leistungsabgabe und Drehfreude. Das Fahrwerk war ausgesprochen gutmütig

breiten Felge annahm, war zudem die effektive Reifenbreite der eines 120er-Reifens ebenfalls nicht überlegen. Wirkliche Vorteile im Vergleich zu 17-Zöllern zeigte der 16-Zoll-Reifen lediglich durch seine höhere Eigendämpfung, was unter anderem Lenkerschlagen wirkungsvoll unterband.

Als »genialen Kompromiß zwischen der puren Sportlichkeit einer RC 30 und dem ruhigen Fahrverhalten einer Straßenmaschine«, bezeichnete MOTORRAD-Tester Werner ›Mini‹ Koch den Fahreindruck, den er bei der Präsentation Ende 1991 im französischen Le Castellet gewinnen konnte. Ausgeprägt harmonisch spielten Reifen und Fahrwerk zusammen, was sich in einer hervorragenden Zielgenauigkeit und Handlichkeit der NR 750 manifestierte. Eher konventionell präsentierten sich die Federelemente am 100000 Mark teuren Ovalkolben-Fahrzeug. Die Upside-down-Telegabel entsprach dem damaligen Stand der Motorradtechnik, verfügte allerdings über massive, 45 Millimeter dicke Tauchrohre. Wie es sich für ein solch hochwertiges Fahrzeug wie die NR 750 gehörte, war nicht nur die Gabel, sondern auch das

High-Tech pur: Beraubte man die NR 750 ihrer Verkleidungsteile, offenbarte sie ein Gewirr aus Kühlern, Schläuchen und Kabeln. Vom kompakten V4-Triebwerk war fast nichts mehr auszumachen

Leistungs-Geheimnis: Der ovale Kolben maß 101,2 mal 50,6 Millimeter, besaß einen durchgehenden Kolbenbolzen und übertrug die Kraft über zwei Pleuel auf die 360 Grad-Kurbelwelle mit vier Hubzapfen

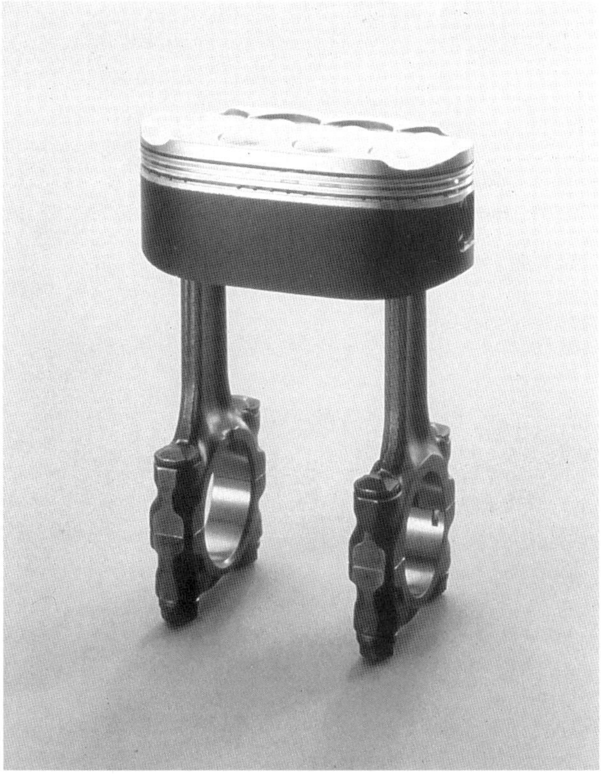

Eigentlich ein V8: Mit der Ovalkolbentechnik gelang es Honda, acht Ventile und zwei Zündkerzen in jedem Brennraum unterzubringen. Der V4 war also ein verkappter V8, leistete 125 PS und drehte über 15000/min

hintere Zentralfederbein sowohl in der Federvorspannung als auch in der Zug- und Druckstufendämpfung stufenlos justierbar. Im Fahrbetrieb zeigten sich die Elemente nicht nur den Anforderungen auf der Rennstrecke gewachsen, sondern glänzten selbst im ganz normalen Landstraßenbetrieb mit sensiblem Ansprechverhalten und nahezu ideal gewählten Feder-Dämpfer-Auslegungen.

Lediglich das relativ hohe Gewicht von vollgetankt 222 Kilogramm kreideten die Tester dem High-Tech-Boliden an. Zwar schaffte es Honda, die relativ vielen Pfunde durch eine ausgewogene Gewichtsverteilung und eine optimale Schwerpunktlage nahezu optimal zu verbergen, doch fanden sich bei eingehender Betrachtung durchaus konstruktive Fragwürdigkeiten, die den Sportler über Gebühr schwer geraten ließen. Bei abgebauter Verkleidung erkannte man schnell, daß das Gewirr aus Schläuchen und Kabeln rund um den potenten V4 zwangsläufig einige Pfunde bringen mußte. Ein großer Brocken in der Gewichtsbilanz war auch die gewaltige Auspuffanlage mit zwei mächtigen, unter der Sitzbank plazierten Schalldämpfern. Gemäß dem Zündversatz von 360 Grad handelte es sich um eine 8-in-4-in-2-in-1-in-2-Anlage, bei der die aus den jeweils zwei Auslaßkanälen pro Brennraum entweichenden Abgase wenige Zentimeter nach dem Zylinderkopf über ein Y-Stück in einen gemeinsamen Krümmer aus 1,2 Millimeter dünnem Edelstahl geleitet wurden.

Unterm Strich ist die NR 750 zweifellos das absolute Highlight im bisherigen Serienbau – technologisch wurde sie bislang von keinem anderen Motorrad übertroffen. Das wird sicherlich auch noch lange Zeit so bleiben, denn kein anderer Hersteller wird sich in die komplizierte Ovalkolbentechnik in Honda-Manier vorwagen. Zu extrem sind die Entwicklungsaufwendungen, die Honda im Prinzip ja bereits 1978 für dieses Projekt aufbrachte, als das Werk mit der NR 500 nach zehn Jahren Abstinenz wieder in den Grand-Prix-Sport zurückkehrte.

TECHNISCHE DATEN NR 750 (RC 40)

MOTOR	
Bohrung x Hub:	75,3 x 42 mm
Hubraum:	747,7 cm^3
Verdichtung:	11,7 : 1
Leistung:	92 kW (125 PS) bei 14 000/min
Drehmoment:	70 Nm bei 11 500/min
GEMISCHAUFBEREITUNG	
Typ:	elektronisch geregelte Einspritzung
Durchlaß:	k. A. mm
KRAFTÜBERTRAGUNG	
Primärübersetzung:	1,9375
1. Gang:	2,6666
2. Gang:	2,1250
3. Gang:	1,7777
4. Gang:	1,5454
5. Gang:	1,3809
6. Gang:	1,2400
Sekundärübersetzung:	2,5000
FAHRWERK	
Radstand:	1 433 mm
Lenkkopfwinkel:	65 Grad 30'
Nachlauf:	88 mm
Federweg vorne / hinten:	120 / 120 mm
Standrohrdurchmesser:	45 mm
Felgengröße vorne / hinten:	3.50 x 16″ 5.50 x 17″
Reifengröße vorne:	130/70 ZR R 16
hinten:	180/55 ZR R 17
Bremsen vorne:	310-mm-Doppelscheibe
hinten:	220-mm-Einzelscheibe
ELEKTRISCHE ANLAGE	
Zündkerzen:	NGK ER9EH
Generatorleistung:	540 W / 5 000/min
Batteriekapazität:	12 V / 10 Ah
MASSE, GEWICHTE UND FÜLLMENGEN	
Tankinhalt / Reserve:	17,3 / – Liter
Kraftstoffart:	Normalbenzin mind. 91 ROZ
Motorölmenge:	3,6 Liter
Kühlflüssigkeit:	2,9 Liter
Gabelöl links / rechts:	k. A. cm^3
Leergewicht vollgetankt:	222 kg
L x B x H:	2 140 x 708 x 1 100 mm
Sitzhöhe:	787 mm
HÖCHSTGESCHWINDIGKEIT:	ca. 255 km/h 240 km/h (in der 98 PS-Version)
PREIS 1992:	100 000 Mark inkl. Nk

VF 750 C (RC 43)

Tour-Werk

Dem vor allem in Europa stark wachsenden Chopper-Trend trug Honda für die Saison 1993 mit einem neuen Modell namens VF 750 C Rechnung. Zwar wurde dieser Name von dem Modell, wie es 1982 schon erschien, übernommen, doch technisch verband die beiden Maschinen nur das Bauprinzip des Motors. Wieder kam ein V4 mit 90 Grad Zylinderwinkel zum Einsatz. Optisch verfolgte die neue VF 750 C hingegen das Konzept des Cruisers, wie dies auch schon eine abgewandelte Variante der ersten VF 750 C Mitte der 80er Jahre tat. Entsprechend verfügte der neue Chopper über eine langgestreckte Design-Linie und mit 1655 Millimetern über einen ausgeprägt langen Radstand. Wie die letzte Variante der VF 750 C, die auf den Beinamen Magna hörte, entließen auch beim neuen Modell die Zylinder ihr Abgas über eine tief verlegte 4-in-4-Anlage ins Freie.

Das Triebwerk entsprach in technischer Hinsicht weitgehend dem aus der VFR 750 F (RC 36) bekannten Vierzylinder mit 16 Ventilen, 70 Millimetern Bohrung und 48,6 Millimetern Hub. Allerdings, so befanden die Designer, müsse das V-Konzept deutlicher hervorgehoben werden, und so kippten die Ingenieure den Motor im Chassis um 13 Grad nach hinten. Stilgerechte Chopper-Optik am ansonsten glattflächigen Triebling lieferten Kühlrippen an den Zylinderköpfen sowie verchromte Ventil-, Lichtmaschinen- und Kupplungsdeckel.

Den gestiegenen Anforderungen des Chopperfahrers an die Durchzugskraft des Motors trat Honda mit einer betont auf Drehmoment ausgelegten Charakteristik entgegen. Das forderte zwar den Verzicht auf Spitzenleistung, die bei diesem Aggregat ansonsten bei 98 PS lag. Nunmehr leistete der Vierzylinder noch 88 PS, gewann durch die Änderungen an Zündung und Steuerzeiten aber im Bereich zwischen 2500 und 5500/min um gut 10 % an Kraft. Im Gegensatz zum Vorgängermodell schickte der Motor diese aber nicht via Kardan, sondern über eine wartungsarme O-Ring-Kette ans knuffige 15-Zoll-Hinterrad mit dickem 150er-Pneu.

Im Fahrbetrieb erfreute die Neuauflage des Chopperhits denn auch mit einer ausgesprochen bulligen Charakteristik, die häufiges Rühren im Fünfganggetriebe erübrigte. Dennoch wußte der wasserummantelte V4 mit nun null Grad Hubzapfenversatz bei Bedarf auch ordentlich zuzupacken und seine Passagiere dann über 200 km/h schnell zu befördern.

Das Fahrwerk machte selbst solche Übungen klaglos mit, denn durch den langen Radstand war gerade die Stabilität im oberen Geschwindigkeitsbereich sehr gut. Mit 150 respektive 100 Millimetern Federweg vorn und hinten war den Honda-Mannen eine komfortable Auslegung gelungen, und der niedrige Gesamtschwerpunkt sorgte zudem für ein überraschend gutes Handling.

Beim Doppelschleifen-Stahlrohrrahmen handelte es

Power-Cruiser: Die VF 750 C knüpfte an bisherige Choppermodelle von Honda an, besaß aber einen neuen Motor auf Basis der VFR 750 F (RC 36). Mit 88 PS bot er neben gutem Durchzug auch genügend Leistung für schnelleres Fahren

sich um eine herkömmliche Konstruktion, bei der der Solositz direkt auf dem Rahmen zwischen dem bauchigen 13-Liter-Tank und dem breit geschwungenen Hinterradkotflügel lag. Der separate Soziussitz ließ sich bei Bedarf abschrauben. Das Vorderrad führte eine konventionelle Telegabel ohne Einstellmöglichkeiten mit 41 Millimeter starken Standrohren. Die Fünfspeichenräder waren aus Leichtmetall gegossen und maßen vorne 17, hinten 15 Zoll im Durchmesser. Die Verzögerungsaufgaben lösten vorne eine 316 Millimeter große Einfach-Scheibenbremse mit Zweikolben-Schwimmsattel sowie eine 180 Millimeter messende Trommel im Hinterrad.

Stilgerechtes Chopper-Flair vermittelte auch die Ausstattung. Das eigenständige Cruiser-Konzept beschränkte sich glücklicherweise nicht auf die Silhouette, sondern bot mehr. Einen breiteren, flach ansteigenderen Lenker, der gegenüber dem Vorgängermodell 70 Millimeter breiter und 40 Millimeter näher zum Fahrer gerückt war zum Beispiel, oder die verchromten Instrumente, die auf der massiven Aluminium-Gabelbrücke saßen.

Jedenfalls vereinte die VF 750 C alle Attribute, die der Chopperfan von einem problemlosen Freizeit-Bike erwartete: die stimmige Optik mit viel Chrom, niedriger Sitzhöhe und langem Radstand sowie kernigem Auspuffton. Dennoch blieb der VF 750 C der große Markterfolg – wie übrigens auch den Vorgängermodellen – versagt. Das Vorbild Harley-Davidson hatte die Meßlatte einfach in bestimmten Punkten fest zementiert. So waren mehr als zwei Zylinder eben verpönt, und Gußräder wurden als wenig stilecht von vielen Interessenten abgelehnt. Honda reagierte entsprechend und präsentierte im Herbst

Zwischenspiel: Die VF 750 C Magna basierte noch stark auf der ersten VF 750 C und wurde in Deutschland nur grau angeboten. Mit ihrer langgestreckten Linie war sie der späteren Neukonstruktion aber recht ähnlich

1994 die VT 1100, einen reinrassigen Zweizylinder-Chopper im Harley-Stil.
Honda hat die Palette an V4-Modellen mittlerweile auf die Hubräume 400, 750 und 1100 Kubikzentimeter beschränkt. Daran wird sich voraussichtlich auch in der Zukunft nichts ändern. Wohl aber dürfen wir gespannt sein, was der japanische Gigant in diesen Kategorien zukünftig noch anbieten wird. Kommt endlich die VFR 750 F als sportlicher Allrounder mit Benzineinspritzung? Darf man ein Achsschenkelmotorrad mit V4-Motor erwarten? Fragen, auf dies es in den nächsten Jahren sicherlich eine Antwort geben wird.

TECHNISCHE DATEN VF 750 C (RC 43)

MOTOR	
Bohrung x Hub:	70 x 48,6 mm
Hubraum:	748 cm^3
Verdichtung:	10,8 : 1
Leistung:	65 kW (88 PS) bei 9 000/min
Drehmoment:	71 Nm bei 7 500/min
GEMISCHAUFBEREITUNG	
Typ:	Vier Keihin-Flachschieber-Vergaser VP 32 B
Durchlaß:	34 mm
Hauptdüse:	105
Leerlaufdüse:	40
KRAFTÜBERTRAGUNG	
Primärübersetzung:	1,9393
1. Gang:	2,8461
2. Gang:	1,8823
3. Gang:	1,4500
4. Gang:	1,2272
5. Gang:	1,0357
6. Gang:	–
Sekundärübersetzung:	2,5000
FAHRWERK	
Radstand:	1 655 mm
Lenkkopfwinkel:	58 Grad
Nachlauf:	137 mm
Federweg vorne / hinten:	150 / 100 mm
Standrohrdurchmesser:	41 mm
Felgengröße vorne / hinten:	3.00 x 17˝ 3.50 x 15˝
Reifengröße vorne:	120/80-17
hinten:	150/80-15
Bremsen vorne:	316-mm-Einzelscheibe
hinten:	180-mm-Trommel
ELEKTRISCHE ANLAGE	
Zündkerzen:	NGK CR8EH9
Generatorleistung:	374 W / 5 000/min
Batteriekapazität:	12 V / 10 Ah
MASSE, GEWICHTE UND FÜLLMENGEN	
Tankinhalt / Reserve:	13 / – Liter
Kraftstoffart:	Normalbenzin mind. 91 ROZ
Motorölmenge:	3,1 Liter
Kühlflüssigkeit:	2,1 Liter
Gabelöl links / rechts:	521 cm^3
Leergewicht vollgetankt:	240 kg
L x B x H:	2 365 x 850 x 1 135 mm
Sitzhöhe:	710 mm
HÖCHSTGESCHWINDIGKEIT:	207 km/h
PREIS 1993:	16 555 Mark inkl. Nk

RVF 750-RC 45

Das Imperium schlägt zurück

Nomenklatorischer Sprachwirrwarr bei der Vergabe von Modellbezeichnungen ist bekanntlich nichts Neues, und was sich hinter Schöpfungen wie »GSRCBX« oder ähnlichem verbirgt, beeindruckt die Kundschaft in technischer Hinsicht manchmal schon lange nicht mehr. Nur auf ganz wenige Namensgebungen reagieren die Sportfahrer wirklich noch mit diesem gewissen Funkeln in den Augen, das spontane Begeisterung und Begierde signalisiert.

Zweifellos einen Volltreffer in dieser Hinsicht landete Honda mit der Nachfolgerin des Supersportlers VFR 750 R (RC30), der RVF 750-RC 45. Seit 1985, als Honda mit der ersten RVF 750 die Langstrecken-Weltmeisterschaft gewann, kennzeichnete die Buchstabenkombination »RVF« stets nur die besten Viertakt-Rennmaschinen von Honda – die Werksmaschinen nämlich. Wen wundert also, wenn wir der ersten RVF 750, die Straßenzulassung besaß und zudem mit einem Trinkgeld für den Mechaniker stolze 44 000 Mark kostete, mit besonders hohen Erwartungen entgegentraten. Der Ruf der Verwandtschaft zu den handverlesenen Endurance-Werksrennern eilte der RC 45, wie sie in Fachkreisen kurz genannt wird, schließlich voraus, und entsprechend gespannt waren wir bei Testbeginn, ob sie ihn auch erfüllen konnte.

Auf dem Papier zumindest las sich die geballte Technik der neuen Basis-Honda für den Superbike-Sport auch fast wie die Speisekarte eines Feinschmeckerlokales für Technik-Gourmets. Wassergekühlter V-Vierzylindermotor mit 90 Grad Zylinderwinkel, vier zahnradgetriebene Nockenwellen mit nun rechts und nicht mehr mittig liegendem Steuerturm, eng gestuftem Sechsganggetriebe und Kraftstoffeinspritzung. Alles serviert in einem Leichtmetall-Brückenrahmen mit Einarmschwinge – fertig war das Renngericht. Doch bis auf die Einspritzanlage bot auch bereits die RC 30 dieses High-Tech-Menü im Motorradbau. Verändert wurde das Konzept also nicht – lediglich verändert.

Mit 72 Millimetern Bohrung und 46 Millimetern Hub legte Honda das neue Triebwerk gegenüber dem Vorgänger, der über ein Verhältnis von 70 x 48,6 Millimeter verfügte, deutlich kurzhubiger aus, was durch die gewachsene Brennraumfläche in erster Linie den Einbau größerer Einlaßventile (29 mm statt 28 mm) erlaubte. Um trotz größerer Bohrung einen möglichst flachen Brennraum zu erhalten, schrumpfte der Ventilwinkel von 38 auf nunmehr 26 Grad.

Für Techniker ist weiterhin interessant, daß Honda wegen der erheblichen Drehzahlsteigerung gegenüber der RC 30 im neuen Motor aus Steifigkeitsgründen eine schwerere Kurbelwelle sowie schwerere wenn auch kürzere Titanpleuel verbaute.

Durch nahezu gerade Kanäle bezog der V4 sein Gemisch von der Saugrohreinspritzung mit vier jeweils 46 Millimeter durchmessenden Drosselklappenein-

heiten. Gemessen an der japanischen 750er-Konkurrenz, die mit maximal 40 Millimeter großen Flachschieber-Vergasern ausrückt, ein überaus beachtlicher Querschnitt.
Die elektronische Steuerung des Einspritz-Managements übernahm ein Rechner, der aus Druck und Temperatur der Ansaugluft, Nockenwellen- und Kurbelwellendrehzahl, Wassertemperatur, Drosselklappenstellung und Umgebungsdruck die optimale Zusammensetzung des Gemisches kalkulierte.
In der Praxis funktionierte denn das aufwendige, vom Ovalkolbenrenner NR 750 abgeleitete System auch perfekt. Die äußeren Bedingungen spielten schlichtweg keine Rolle, und selbst bei Minusgraden nahm das Triebwerk ohne Murren seine Arbeit auf. Weshalb ein aufwendig konzipiertes Motormanagement allerdings eines manuell zu betätigenden Chokes bedurfte, begriff indes kaum jemand. Unverständlich angesichts des gesalzenen Einstandspreises auch, daß die Techniker im fernen Japan zwei mickrige Wasserkühler verbauten, von denen der obere zu allem Überfluß auch noch gut ein Drittel des verschämt hinter ihm plazierten Ölkühlers verdeckte. Bekannt war, daß bereits die RC 30 im Serientrimm mit Temperaturproblemen zu kämpfen hatte, und so war zu hoffen, daß Honda wenigstens beim Nachfolger artig Besserung verspräche. Leistungsfähigere weil große Kühler blieben aber nach wie vor Käufern des HRC-

Basis-Renner: Mit der RVF 750-RC 45 schuf Honda 1994 den langersehnten Nachfolger der RC 30. Auch das neue Basis-Superbike besaß einen wassergekühlten V4 in einem Leichtmetall-Brückenrahmen. Völlig neu war hingegen die von der NR 750 abgeleitete Kraftstoff-Einspritzung

Kits vorbehalten, wenngleich sich die Wassertemperatur mit maximal 87 Grad bei meinem ersten Test noch im Zaum hielt. Allerdings lagen die Außentemperaturen im Bereich zwischen sechs und zwölf Grad und damit niedrig. Wie sich die Wassertemperatur im Hochsommer verhalten würde, wußte damals also kaum jemand treffend einzuschätzen.
Ihr Geld wert war die Einspritzung auf alle Fälle, hatte sie dem V4 doch Manieren anerzogen, die der RC 30 in dieser perfekten Form abgingen. Lochfrei und ohne jeden Verschlucker zog der Vierzylinder, wenn es denn sein sollte, ab Standgasdrehzahl hoch. Bereits bei 3000/min stand genügend Kraft zur Verfügung, und in der Region zwischen 6000 und 12000/min offerierte der auf 11,5 zu eins verdichtete Motor schlicht das Beste, was in der 750er-Klasse in Punkto Leistungsabgabe augenblicklich feil geboten wurde.
Zusammen mit dem vorzüglich zu schaltenden Sechsganggetriebe mit sehr langem ersten Gang kredenzte die RVF 750-RC 45 ihrem Piloten vor allem Kraft im mittleren Drehzahlbereich, ohne dabei nennenswerte Vibrationen zu produzieren. Zumindest in der von uns gefahrenen 98-PS-Version schob das Aggregat gleichförmig, aber dennoch nachdrücklich bis 11500/min an, wo es auch die gemessene Maximalleistung von 105 PS erreichte; darüber wurde es dann aufgrund der Drosselblenden im Ansaugtrakt und eines entsprechend angepaßten Eproms etwas zäher.
Gegenüber der mit Reihenvierzylindern bestückten Konkurrenz schöpfte die neue Honda aber auch fahrwerkstechnische Vorteile aus ihrem Motorenkonzept. Aus der kompakten Bauweise und der geringen Breite des Triebwerks resultierte ein sehr schmales und gleichfalls niedriges Motorrad mit sehr günstiger

Suzuka läßt grüßen: Mit der dreifarbigen Lackierung orientierte sich die RVF 750-RC 45 an den Endurance-F1-Werksmaschinen, die erfolgreich bei den 8 Stunden von Suzuka starteten. Von ihnen stammte auch die Buchstaben-Kombination RVF

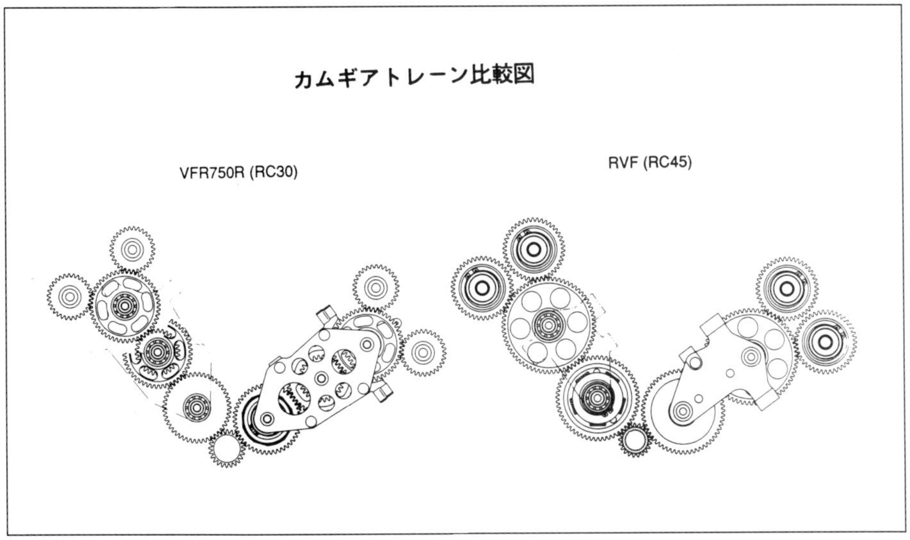

Schwerpunktlage. Allein die im Vergleich zu Reihenmotoren sehr schmale Kurbelwelle verschaffte ein deutlich geringeres Trägheitsmoment um die Längsachse und damit vor allem beim Umlegen in Wechselkurven einen Handlingvorteil.
Sowohl auf der Rennstrecke als auch auf engeren Landstraßen faszinierte die RC 45 denn auch mit spielerischer Handlichkeit. Das Einlenken des 212 Kilogramm schweren Renners in Kurven ging präzise vonstatten, und das Umlegen in Wechselkurven artete auch bei höheren Tempi niemals in Arbeit aus. Trefflich ließ sich das Verhalten in Schräglage mit dem Begriff »neutral« beschreiben. Einzig erstaunt registrierte der Fahrer die relativ großen Schräglagen, die aufgrund der superbreiten und enorm haftfreudigen Dunlop-Bereifung gefahren werden muß-

Zahntechnik: Der Nockenwellen-Antrieb der RVF 750-RC 45 sparte sich gegenüber der VFR 750 R (RC 30) vier Zahnräder. Dadurch sparte man Gewicht und kehrte beiläufig die Drehrichtung der Nockenwellen um

Wie gehabt: Mit massivem Leichtmetallrahmen und Einarmschwinge setzte die RC 45 alte RC 30-Traditionen fort. Die Fachpresse kreidete dem über 43 000 Mark teuren Superbike allerdings fast einhellig den am hohen Preis unangemessen geringen Faszinationsgrad an

ten. Gleichfalls tadellos wie das Kurvenverhalten war die Spurstabilität der Honda bei hohen Geschwindigkeiten. Wohlwollend registrierte ich außerdem die Sitzposition, die trotz hoch montierter Fußrasten ausreichend bequem ausfiel.

Die in Federvorspannung sowie Zug- und Druckstufe der Dämpfung einstellbare Upside-Down-Gabel von Showa und das ebenso voll einstellbare Zentralfederbein desselben Herstellers verrichteten ihren Job gänzlich unspektakulär und zeigten selbst bei niedrigen Temperaturen und somit zähem Dämpferöl ein ausreichend sensibles Ansprechverhalten. Lediglich auf eine betont starke Zugstufendämpfung der Gabel reagierte die RC 45 mit leichtem Lenkerschlagen.

Beim Kapitel Bremsen scheideten sich die Geister an der von der CBR 900 übernommenen Nissin-Doppelscheibe. Zweifellos war sie dem Hobbyisten sowohl auf der Straße wie auf der Rennstrecke ein zuverlässiger weil wohl zu dosierender und gut wirkender Stopper, doch für über 40 000 Mark durfte man vielleicht auch etwas feineres – zum Beispiel gefräste Zangen und Gußscheiben – erwarten.

Dieselben Gedanken beschlichen uns, wenn wir die Honda entkleideten. Aus schwerem aber billigem ABS-Kunststoff war das Plastikkleid gefertigt, und wir trauerten dem Glasfaserlaminat der RC 30 schon ein wenig nach. Drastisch auch die Sparmaßnahmen am Rahmenheck: Fast wie eine kleine Bockleiter war es aus einigen Aluminium-Vierkantprofilen zusammengeschweißt – lediglich den Zweck erfüllend. Nicht mehr. Abermals konnte die RVF ihre wahre Natur nur schwer verhehlen, nämlich ein notdürftig für den Straßenverkehr präpariertes Rennmotorrad zu sein.

Die RVF 750-RC 45 hinterließ ein zwiespältiges Bild. Ohne Zweifel bot sie ein hohes Maß an Funktionalität und erlaubte sich dort in keiner Disziplin eine Schwäche. Der selbst in der Drosselversion bärenstarke, perfekt abgestimmte V4 und das gutmütige Fahrwerk begeisterten. Faszination vermochte sie aber vor allem im Fahrbetrieb zu vermitteln. Im Stand vermißten wir gewisse technische Attribute, die den Lockruf des fast 44 000 Mark teuren Renners nachhaltig rechtfertigen. Ein schönes Frästeil hier, eine schicke Carbon-Arbeit dort, garniert mit einer exklusiven Bremsanlage. Das wär's gewesen, Honda.

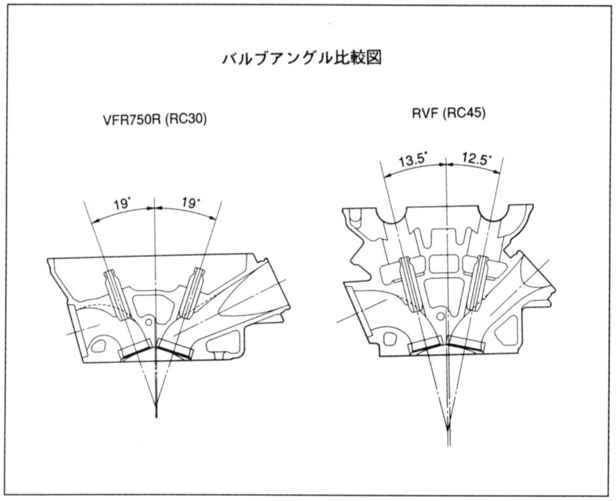

Leistungs-Prinzip: Gegenüber der RC 30 verfügten die Zylinderköpfe der RC 45 über einen wesentlich engeren Ventilwinkel. Nur 26 anstatt 38 Grad ergaben einen wesentlich kompakteren Brennraum und überdies geradere Kanalführungen

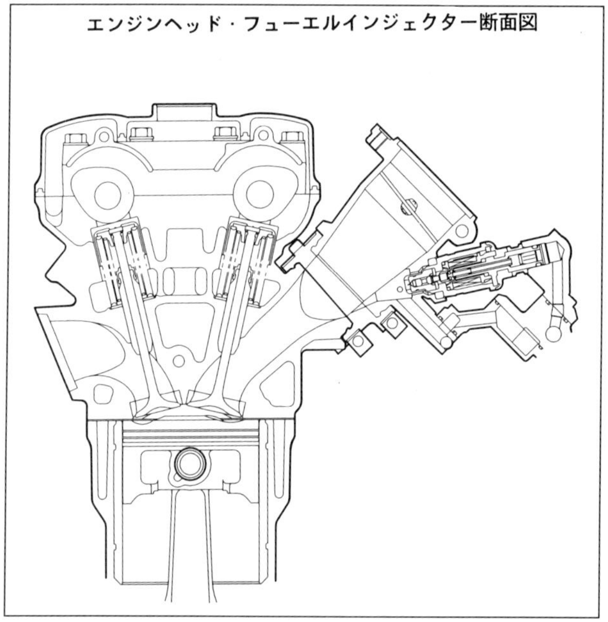

Sport-Kanal: Auf der Suche nach Spitzenleistung favorisierten die Honda-Ingenieure gerade Einlaßkanäle und mit 46 Millimetern Durchmesser extrem große Drosselklappen-Einheiten. Bemerkenswert ist der konische Zulauf zu den Ventilen hin

TECHNISCHE DATEN RVF 750-RC 45

MOTOR	
Bohrung x Hub:	72 x 46 mm
Hubraum:	749 cm^3
Verdichtung:	11,5 : 1
Leistung:	72 kW (98 PS) bei 11 750/min (deutsche Version); 88 kW (120 PS) bei 12 000/min offen
Drehmoment:	71 Nm bei 7 300/min

GEMISCHAUFBEREITUNG	
Typ:	Elektronisches Zünd-/Einspritzsystem von Honda/Keihin PGM-FI
Durchlaß:	46 mm

KRAFTÜBERTRAGUNG	
Primärübersetzung:	1,94
1. Gang:	2,40
2. Gang:	1,94
3. Gang:	1,63
4. Gang:	1,43
5. Gang:	1,29
6. Gang:	1,19
Sekundärübersetzung:	2,35

FAHRWERK	
Radstand:	1 410 mm
Lenkkopfwinkel:	65,5 Grad
Nachlauf:	92 mm
Federweg vorne / hinten:	120 / 130 mm
Tauchrohrdurchmesser:	41 mm
Felgengröße vorne / hinten:	3.50 x 16″ 6.00 x 17″
Reifengröße vorne:	130/70 ZR 16
hinten:	190/50 ZR 17
Bremsen vorne:	310-mm-Doppelscheibe
hinten:	230-mm-Einzelscheibe

ELEKTRISCHE ANLAGE	
Zündkerzen:	NGK CR9EHVX9
Generatorleistung:	540 W / 5 000/min
Batteriekapazität:	12 V / 8 Ah

MASSE, GEWICHTE UND FÜLLMENGEN	
Tankinhalt / Reserve:	18 / – Liter
Kraftstoffart:	Normalbenzin mind. 91 ROZ
Motorölmenge:	3,6 Liter
Kühlflüssigkeit:	2,8 Liter
Gabelöl links / rechts:	445 cm^3
Leergewicht vollgetankt:	214 kg
L x B x H:	2 110 x 810 x 1 095 mm
Sitzhöhe:	770 mm

HÖCHSTGESCHWINDIGKEIT:	248 km/h (deutsche Version); ca. 255 km/h offen
PREIS 1994:	43 580 Mark inkl. Nk

NR 500

Aus Forschung und Technik

Als Honda 1960 den Einstieg in den Grand-Prix-Sport anvisierte und erste Erfahrungen bei der TT auf der Isle of Man sammelte, belächelten viele Insider das Unterfangen der Japaner. Doch Honda blieb die richtige Antwort alles andere als schuldig und stellte ein Jahr später den 125er- und 250er-Weltmeister. Bis 1967 hielt dann die Erfolgsära an, die dem japanischen Werk 16 Weltmeistertitel bescherte. Dann zog sich Honda 1967 aus der Grand-Prix-Szene zurück.

Über zehn Jahre dauerte die Abstinenz, bevor man sich in Japan zur Rückkehr in den Motorradsport entschloß. Honda-Präsident Kyoshi Kawashima signalisierte Ende 1977 der FIM (Féderation Internationale Motocycliste) die Bereitschaft, sich wieder im Rennsport zu engagieren; dies allerdings nur, wenn die geltenden Geräuschbestimmungen für Viertakter neu überdacht würden.

Was dahinter steckte: Ende 1976 wurde die Geräuschgrenze für Grand-Prix-Maschinen auf 110 dB(A) festgelegt – den Donner der Viertakt-MV Agustas maß man zu dieser Zeit noch mit 135 dB(A). Dieser Einschnitt bedeutete automatisch das Aus für Viertaktmotoren, da sie diesen Beschnitt weit weniger klaglos als Zweitakter wegzustecken vermochten. Honda aber wollte in guter Tradition mit einem Viertakter auf die Grand-Prix-Kurse dieser Welt zurückkehren. Also erließ die FIM auf ihrem Weltkongreß in Posen im Herbst 1978 Marscherleichterung für die Viertakter: 115 dB(A) durften sie fortan laut sein.

Dies war für Honda der Startschuß zu einem gigantischen Rennsport-Projekt, das alleine für die Entwicklung des Motorrades runde 10 Millionen Dollar verschlang. »Nach Plan«, wie der damalige Honda-Grand-Prix-Chef Soichiro Irimajiri versicherte, fuhren bis Mitte Mai 1979 nur Ingenieure der Forschungs- und Entwicklungsabteilung die Prototypen, ehe dann der 350er-Weltmeister von 1977, Takazumi Katayama, und der Brite Mick Grant Testfahrten auf dem Honda-eigenen Kurs in Suzuka unternahmen.

Doch der erste angekündigte Start für den GP von Holland wurde nochmals verschoben. Erst beim WM-Lauf am 12. August 1979 in Silverstone kam die NR 500 »0X«, wie der Viertakter inklusive dem internen Kürzel hieß, zum Einsatz. Mick Grant schwang sich nach dem Schiebestart in den Sattel der rot-blau-weiß lackierten Werks-Honda und donnerte los, als das restliche Feld, angeführt vom Holländer Wil Hartog auf seiner Squarefour-Suzuki, bereits außer Sichtweite war. Trotz freier Bahn – weit kam Grant nicht. Bereits im zweiten Gang verstummte der brummige V4 schlagartig, und eine blaue Ölwolke kündete vom kapitalen Motorschaden. Grant rutschte auf seinem eigenen Öl aus, schlitterte von der Bahn, und die sündhaft teure Werks-Honda ging in Flammen auf. Sein koreanischer Team-Kollege Takazumi Katayama kam ebenfalls nur drei Runden weit – dann

Auch »Fast Freddie« versuchte es: Der Amerikaner Freddie Spencer mühte sich 1981 sporadisch mit der »2X«-Version der NR 500 ab, die 1982 letztmals bei Rennen in der 500er-WM eingesetzt wurde. Im Gegensatz zu den ersten »0X«- und »1X«-Motoren besaß dieser Ovalkolben-V4 den Nockenwellen-Antrieb in der Mitte

streikte die Vorderradbremse. Das unrühmliche Ende einer revolutionären Premiere.

Kernproblem der NR 500 war es, konkurrenzfähige Leistung bei zwangsläufig höherem Maschinengewicht realisieren zu müssen. Etwa 130 PS leisteten seinerzeit die besten Zweitakt-500er von Suzuki und Yamaha. Honda brachte die NR 500 aber lediglich auf 115 PS bei 17500/min. Die Schwierigkeit, sich mit dem aufwendigen Viertakter in die Zweitakt-Phalanx zu katapultieren, wurde von Rennen zu Rennen deutlicher.

Mangelndes Engagement als Grund für die Erfolglosigkeit der geheimnisumwitterten GP-Honda konnte Honda aber niemand vorwerfen. Das technisch Machbare auf dem Viertaktsektor hatten sie auf zwei Räder gestellt. Von Plattendrehschiebern anstatt eines herkömmlichen Ventiltriebs war in Insiderkreisen die Rede, von sechs Ventilen pro Zylinder sprachen manche Journalisten. Doch all dies waren wilde Spekulationen – Honda ließ die Katze erst viel später aus dem Sack.

Beim »0X«-Vierzylinder-Triebwerk der NR 500 handelte es sich um einen wassergekühlten V-Motor mit 100 Grad Zylinderwinkel und quer zur Fahrtrichtung liegender, voll nadelgelagerter Kurbelwelle. Die Abweichung vom traditionellen Zylinderwinkel von 90 Grad ergab sich aus dem Wunsch, den Vergasern möglichst viel Platz zu schaffen. Der Versatz der Hubzapfen zueinander betrug null Grad. Die Realisierung maximaler Spitzenleistung erforderte extreme freie Ventilquerschnitte, und nach dem Motto »je mehr Ventile, desto größer die freie Querschnittsfläche« entstand ein ovaler Brennraum mit vier 19,5 Millimeter großen Einlaßventilen aus Titan und vier 17,5 Millimeter großen Auslaßpartnern aus hochwarmfestem Stahl sowie zwei 8-Millimeter-Zündkerzen. Die Schaftdicke der Ventile im Zweipfennigstück-Format betrug zarte 3,8 Millimeter; die beiden einteiligen Zylinderköpfe waren zunächst aus Aluminium, später aus Magnesium gefertigt und beherbergten Bronze-Ventilsitze.

Die Betätigung der Ventile, die im Winkel von 38 Grad zueinander standen, erfolgte zur Überraschung vieler Experten konventionell über zwei obenliegende und via Stirnräder angetriebene Nockenwellen pro Zylinderpaar. Bei der ersten »0X«-Motorversion befand sich der Nockenwellenantrieb noch auf der rechten Primärseite; wie auch bei der Entwicklungsstufe »1X« (1980). Erst die späteren »2X«- und »3X«-Entwicklungsstufen von 1982 hatte ihn in der Mitte. Wer mutmaßte, Honda müsse angesichts der anfangs anvisierten Drehzahlen von fast 20000/min auf eine andere Steuertechnik ausweichen, wurde nachhaltig eines besseren belehrt.

Auch die Kolben und die Zylinderbohrungen fielen oval aus. Die 93,4 Millimeter langen und 41 Millimeter breiten Kolben mit zwei Kompressionsringen und einem Ölabstreifer übertrugen ihre Kraft über einen elf Millimeter dicken Kolbenbolzen und jeweils zwei Pleuel auf die Kurbelwelle. Der Hub des V4 war entsprechend kurz: Nur 36 Millimeter bewegten sich die Kolben auf und ab. Die Zylinderlaufbüchsen waren nicht, wie oft angenommen, mit einer Beschichtung versehen. Bei ihnen handelte es sich um Exemplare aus Stahlguß.

Die Frischgas-Aufbereitung übernahmen vier aus Magnesium gefertigte Keihin-Doppelvergaser mit zunächst 26 und später 28 Millimeter in den »0X«-, »1X«- und »2X«-Motoren, sowie in der letzten »3X«-Stufe mit 30 Millimetern Durchmesser, Beschleunigerpumpen zur Gemischanreicherung sowie hartverchromten Flachschiebern.

Wie Takeo Fukui, der damalige Entwicklungschef des NR-Projektes, angab, brachte ihn eine Verkehrsampel auf der morgendlichen Fahrt ins Büro auf die Idee, den Ovalkolbenmotor zu bauen. »Warum muß denn ein Kolben rund sein?« fragte er sich. »Wenn zwei oder mehr runde Kolben, ähnlich wie bei einer Verkehrsampel, zu einem Oval zusammengefaßt werden, handelt es sich im Sinne des Reglements

Die Allererste: Mit dieser Version der NR 500 kehrte Honda 1979 beim Grand Prix im englischen Silverstone nach zwölf Jahren Abstinenz wieder in den GP-Sport zurück. Der Typ »0X« besaß eine tragende Leichtmetall-Verkleidung und leistete 115 PS bei 17500/min

Back to the roots: Nachdem sich das Verbund-Fahrwerk der »0X«-Maschine als untauglich erwies, griff man auf einen konventionellen Rohrrahmen zurück. Doch auch diese »1X«-Version von 1980 wurde ein Flop

Völlig anders: Der »2X«-Motor sowie der »3X«-Vierzylinder der Jahre 1981 und 1982 besaßen den Nockenwellenantrieb in der Mitte und nicht mehr rechts auf der Primärseite. Außerdem betrug der Zylinderwinkel nun 90 anstatt 100 Grad

immer noch um einen einzigen Kolben. Er bietet aber die Möglichkeit, genauso viele Ventile darüber anzuordnen wie bei einem Achtzylinder.«
Zwar bereitete der Motor auf dem Gebiet der Kolbenringe anfangs große Probleme, doch man bekam die Schwierigkeiten mit der Abdichtung rasch in den Griff und konnte auf Leistungssuche gehen. Beim Debut 1979 in Silverstone trat Honda noch mit 115 PS an. Dies bedeutete ein Leistungsdefizit von etwa 15 bis 20 PS gegenüber den stärksten Zweitaktern und war einerseits der Grund für die mangelhafte Konkurrenzfähigkeit der NR 500, deren Initialen sich von »New Racer« ableiteten. Neben dem schieren Leistungsproblem hatte man anfangs auch Malheur mit dem Ventiltrieb. Drehschwingungen zerstörten die Zahnräder des Nockenwellenantriebs, sobald

längere Zeit über 14000/min gedreht wurde. Nach und nach entwickelte Honda Antriebsdämpfer, die bis 20500/min tauglich waren. Für die Fahrer stellte sich zu Beginn das Problem des schmalen nutzbaren Leistungsbandes. Später, als es verbreitert wurde, zog der Motor hingegen bereits ab 8000/min so stark, daß wiederum die Reifen überfordert waren.

Aber auch das Fahrwerk bereitete den Honda-Ingenieuren im Anfangsstadium erhebliches Kopfzerbrechen. In revolutionärer Aufbruchstimmung schuf der Ingenieursstab für die erste Rennversion 1979 ein Monocoque-Chassis, bei dem die Vollverkleidung aus Aluminium gefertigt war, sämtliche Aufnahmen für Schwinge, Motor und Lenkkopf beinhaltete und tragende Funktion übernahm. Die Teleskopgabel arbeitete nach dem Upside-down-Prinzip, bei dem das herkömmliche Gabelkonzept umgedreht wurde und sich die ehemaligen Standrohre nun unten befanden. Um das Ansprechverhalten durch die Verringerung der Losbrechmomente zu verbessern, wanderten die Dämpferkartuschen samt der Federn nach außen und erlaubten so gleichzeitig schnelle Abstimmungsänderungen.

So revolutionär das Konzept zweifellos war, so problematisch war es in der Praxis, und Honda rückte bereits 1980 davon ab. Den grundlegenden Änderungen fielen auch die 16-Zoll-Räder zum Opfer, die durch konventionelle 18-Zöller ersetzt wurden. Im Juni 1980 konstruierte man einen Doppelschleifen-Brückenrahmen aus Stahlrundrohr, der bei Maxton in England gefertigt wurde, aber schon im September setzte das Honda-Team auf ein selbstgefertigtes Rohrwerk. Die Entwicklungsschritte am Fahrwerk beschränkten sich in dieser Phase auf die Feinabstimmung konstruktiver Details. Rückte man 1980 beispielsweise noch mit einer vernickelten Cantilever-Stahlschwinge und Brembo-Zweikolbenbremsen sowie einer Marzocchi-Gabel aus, setzte man 1981 bereits auf eine Leichtmetallschwinge, eine aufwendiger gefertigte Gabel sowie Nissin-Vierkolbenbremsen. In diesem Jahr reduzierte man auch den Zylinderwinkel beim »2X«-Vierzylinder auf 90 Grad und ordnete die Einlaßkanäle steiler an.

Im letzten Rennjahr 1982 verpflanzte die NR-Crew den mittlerweile auf 135 PS bei 18500/min erstarkten, nur 50 Kilogramm schweren Vierzylinder schließlich in ein Doppelschleifen-Brückenchassis aus Aluminium-Strangpreßprofilen mit fünfeckigem Querschnitt.

Aber auch dieser letzten im Rennsport eingesetzten Version blieb der Erfolg versagt. Das beste Resultat erzielte der Brite »Rocket« Ron Haslam beim GP von Belgien, bei dem er auf Rang elf einlief. Außer einigen Siegen in der japanischen Meisterschaft, wie zum Beispiel erstmals unter Testfahrer Kengo Kiyama, und sporadischen guten Trainingszeiten war die NR 500 zum Fehlschlag geworden, wanderte ins Museum und diente fortan als Technologieträger bei der Erprobung neuer Techniken sowie neuartiger Werkstoffkonzepte. Aus dem NR 500-Projekt leitete sich beispielsweise Hondas TRAC-Patent ab – ein Anti-Dive-System, das beim Bremsen das Eintauchen der Gabel verlangsamte und 1982 bei der

Die letzte NR 500 mit Stahlrohr-Chassis: Der »2X«-Typ von 1981 besaß einen neu entworfenen Rahmen und eine Leichtmetallschwinge. Außerdem eine hochwertige Showa-Gabel mit Anti-Dive-System sowie Nissin-Vierkolben-Festsättel

Die letzte, die fuhr: »3X« hieß der 1982 in der WM eingesetzte Typ mit Leichtmetall-Chassis und Pro-Link-Hinterradaufhängung. Es gab zwar später noch eine »3X«-Variante mit Carbon-Rahmen, doch diente diese nur als Ausstellungsstück. Die Leistung der »3X«: 135 PS bei 18500/min

VF 750 S in die Serie einfloß. Ebenso präsentierte Honda 1984 eine NR 500 mit Doppelschleifen-Brückenrahmen, Rädern und Bremsen aus Kohlefaser-Laminat.

Für den Serienbau war die im Sport so erfolglose Viertaktmaschine dennoch ein ungeheuer wichtiger Schritt, läutete sie doch die V4-Ära bei Honda ein. Außerdem erfuhr die Investition von angeblich 30 Millionen Dollar in das NR-Projekt noch zweimal nachträgliche Rechtfertigung: Die Endurance-Rennmaschine NR 750 R wie auch das spätere Serienmodell NR 750 stammten vom Urvater NR 500 ab. Zwar erlangten auch sie nie eine große Bedeutung in sportlicher oder kaufmännischer Hinsicht, aber sie setzten technisch gesehen Zeichen: Erstmals nämlich gelang es, einen Viertaktmotor ohne Aufladung zu konstruieren, der eine Literleistung von 270 PS realisierte. Heute, lange nach dem Startschuß zur NR 500 erreichen selbst die Motoren der Formel-1-Renner nicht mehr.

TECHNISCHE DATEN NR 500 »3X«

MOTOR	
Bohrung x Hub:	(93,4 x 41) x 36 mm (rund gerechnet: 60,4 x 36 mm)
Hubraum:	499 cm^3
Leistung:	99 kW (135 PS) bei 18500/min
Verdichtung:	12,1:1
Zylinderwinkel:	90 Grad
Ventilwinkel:	38 Grad
Ventildurchmesser Einlaß:	19,5 mm
Auslaß:	17,5 mm
Ventilschaftdurchmesser:	3,8 mm
GEMISCHAUFBEREITUNG	
Typ:	Vier Keihin-Doppelvergaser aus Magnesium mit Beschleunigerpumpen
Durchlaß:	30 mm

FAHRWERK
In der ersten Version Aluminium-Monocoque mit tragender Verkleidung. Später Doppelschleifen-Rohrrahmen aus Stahl beziehungsweise aus Leichtmetall

TROCKENGEWICHT	135 kg
HÖCHSTGESCHWINDIGKEIT:	ca. 270 km/h

RS 750 R

Four-Spiel

Nachdem Honda den Viertakt-V4 im Grand-Prix-Sport Ende 1982 endgültig zu den Akten legte und 1983 mit Freddie Spencer und der Dreizylinder-NS 500 R eine bis heute anhaltende, erfolgreiche Zweitaktkarriere startete, widmeten sich die Viertakt-Experten mit dem V4-Konzept anderen sportlichen Bereichen. In der Langstrecken-Weltmeisterschaft und bei Superbike-Rennen wollte man nun zeigen, daß der V4 ein nahezu unschlagbares Konzept sein konnte.

Parallel zu den Serienmodellen VF 750 S und VF 750 F entwickelte Honda aus diesem Grunde daran angelehnte Rennmotoren. Das Renndebut gab der Amerikaner »Fast« Freddie Spencer im März 1983 bei den 200 Meilen von Daytona auf einer FWS 1000. Einem Motorrad, dessen wassergekühltes V4-Triebwerk auf dem Motorgehäuse der VF 750 F basierte, aber 998 Kubikzentimeter Hubraum aufwies. Im Gegensatz zum NR 500-Debut von 1979 glückte der Honda-Auftritt diesmal perfekt, und Spencer wurde Zweiter.

Nach einer langen Test- und Entwicklungsphase nahm Honda 1983 schließlich die Langstrecken-WM in Angriff, bei der bislang die luftgekühlten Reihenvierzylinder aus eigenem Hause dominierten. Zunächst jedoch startete Spencer beim Saison-Auftakt wieder auf einer speziellen V4-Honda, einer optisch serienmäßigen, motorisch aber überlegen präparierten VF 750 F. Diesmal gewann er das prestigeträchtige Superbike-Rennen im Rahmen der 200 Meilen von Daytona in den USA überlegen. Mit der RS 850 R debütierte man einige Wochen später bei den 24 Stunden von Le Mans. Bei ihr handelte es sich weitgehend um eine im Hubraum reduzierte Version der Daytona-FWS 1000. Der Motor basierte auf dem Triebwerk der siegreichen Daytona-VF 750 F, besaß null Grad Hubzapfenversatz und schöpfte aus exakt 858,6 Kubikzentimetern 130 PS bei 12000/min. Recht klobig fielen die Verkleidungsteile des mit Lichtanlage 175 Kilogramm schweren Renners aus. Das Fahrwerk bestand aus einem Doppelschleifen-Brückenrahmen aus Stahl-Rundrohr mit handgefertigter Leichtmetall-Kastenschwinge. Ein voluminöser Wasserkühler quer vor dem Motor montiert sowie ein kleiner Ölkühler im Verkleidungskiel sorgten sich um den Temperaturhaushalt des V4.

Doch die Leistung reichte beim Auftakt 1983 in Le Mans noch nicht aus. Letztmals waren in diesem Jahr 1000 Kubikzentimeter Hubraum zugelassen, und vor allem die luftgekühlten Reihenvierzylinder von Kawasaki und Suzuki verfügten über einen hohen Entwicklungsstand. Honda-Pilot Raymond Roche beschwerte sich: »Aus den Kurven keine Beschleunigung.« In Le Mans schieden beide Maschinen schließlich durch Stürze aus.

Besser lief es dann bei den 8 Stunden von Suzuka, wo Fred Merkel mit Copilot Bettencourt mit einer auf 930 cm^3 vergrößerten Version Rang drei erzielte.

Dream-Team: Gerard Coudray gewann zusammen mit Partner Patrick Igoa 1984 die Langstrecken-WM auf der RS 750 R des Werks-Teams von Honda France. Sie leistete 120 PS bei 12 500/min und war damals das dominierende Motorrad in der neu geschaffenen 750er-Klasse

Den ersten Sieg für das RS-Konzept gab es schließlich beim Bol d'Or. Roche & Co heizten der luftgekühlten Konkurrenz auf ihrer mit einem Alu-Rahmen und 930-cm³-Triebwerk bewehrten Honda so kräftig ein, daß diese mit geplatzten Triebwerken nach und nach die Segel strich.

Ein Jahr später, 1984, gab es von der FIM ein neues Reglement, das zwar weiterhin die weitgehend freie technische Gestaltung der Maschinen, aber auch ein Hubraumlimit von 750 Kubikzentimetern vorsah. Honda setzte die neuen Statuten perfekt um: Die neue RS 750 R besaß einen Aluminium-Doppelschleifenrahmen, der nach dem Vorbild der Zweitakt-Grand-Prix-Renner NS 500 R aus fünfeckigen Strangpreßprofilrohren gefertigt war und optisch ähnlich wie der Serienrahmen der VF 750 F aussah. Zwei schmalere Wasserkühler vor dem Motor reduzierten die Baubreite und sorgten für eine zierliche Silhouette des Werks-Renners. Die Verlegung der Auspuffanlage änderte sich gegenüber dem Vorgänger RS 930 ebenfalls. Der Schalldämpfer des hinteren Zylinderpaars führte nun nicht mehr rechts, sondern links unter der Sitzbank heraus. Wie gehabt entsorgten die beiden vorderen Zylinder ihr Abgas über einen rechts unten liegenden Endtopf.

Der V4 mit zahnradgetriebenen Nockenwellen basierte ebenfalls auf dem Motor der VF 750 F und leistete 120 PS bei 12500/min. Patrick Igoa und Gerard Coudray, die beide von Kawasaki zu Honda gewechselt waren, gewannen mit dem neuen Motorrad die Langstrecken-WM in überlegener Manier. Triumphale Siege in Zeltweg, Suzuka, Spa, auf dem Nürburgring und beim letzten Lauf in Mugello lieferten eine beinahe makellose Bilanz. Nur zweimal wurden die Werksrenner geschlagen: einmal beim total verregneten Bol d'Or und einmal sogar von Privatfahrer Mile Pajic in Zolder. Mit drei blitzsauberen Siegen und zwei zweiten Plätzen in fünf Rennen sicherte sich Joey Dunlop 1984 zudem den Titel in der TT-Formel-1-Weltmeisterschaft. Ein Jahr zuvor, in dem die WM nur aus drei Läufen bestand, siegte er bei allen Veranstaltungen und holte mit maximaler Punktezahl den Titel mit der RS 750 R für das Werksteam von Honda Britain.

Welch gewaltigen Innovationsschub die RS 750 R brachte, wurde aber nicht nur am souveränen Titelgewinn deutlich. Bereits die technische Analyse ließ vermuten, daß Honda mit dieser Maschine krass überlegen sein würde, denn die Konkurrenz hatte nicht einmal annähernd Gleichwertiges entgegenzusetzen.

Das Fahrwerk beherbergte vorne eine aufwendig gefertigte Showa-Gabel mit justierbarer Dämpfung sowie hydraulischem Anti-Dive-System und 41,3 Millimeter dicken Standrohren. Es handelte sich dabei übrigens um das gleiche Element, wie es bereits in den RS 850 und RS 930 sowie in Freddie Spencers Daytona-VF 750 F Dienst tat. Die Hinterhand federte und dämpfte über das Honda-»ProLink«-Patent mit zentralem Showa-Federbein und zwei Umlenkhebeln. Im Gegensatz zu den bisherigen Endurance-V4-Maschinen rückte Honda jedoch wieder vom 16-Zoll-Vorderrad ab. Vorne wie hinten setzte man auf 18-zöllige Dymag-Dreispeichenräder.

Besonders aufwendig geriet der Vierzylinder der RS 750 R. Zwar verfügte er wie das Serienvorbild der VF 750 F über ein Bohrungs/Hub-Verhältnis von 70 zu 48,6 Millimetern, doch den Antrieb der Nockenwellen übernahmen keine Steuerketten, sondern wie schon bei der NR 500 zwischen den Zylindern angeordnete, nicht gegeneinander verspannte Stirnräder. Um den Spitzenbelastungen beim Nocken-Auf- und Abstieg sowie den auftretenden Drehschwingungen bei hohen Drehzahlen Herr zu werden, waren die Nockenwellenräder auf der Innenseite mit einer Torsionsdämpfung aus Gummi versehen und über diese Dämpfungselemente auf die einteiligen Nockenwellen geschraubt.

Gegenüber dem Serientriebwerk, von dem die RS 750 R beispielsweise das Motorgehäuse entlehnte, setzte Honda vor allem im Bereich der Gewichtsersparnis und der Motorschmierung erfolgreich den Hebel an. So verbauten die Japaner bei der RS 750 R eine mächtige Doppel-Ölpumpe aus Magnesium, die von einer Rücklaufkammer Öl in die Versorgungskammer pumpte. Erst von dort förderte die zweite Pumpe den Schmierstoff via Ölkühler an die Schmierstellen im Motor. Da auf diese Weise der Ölsumpf praktisch weitgehend trocken gehalten wurde, nannte man dieses Prinzip »Halbtrockensumpf-Schmierung« – damals das geflügelte Wort in der Endurance-Szene. Ein großer Vorteil des Systems war, daß die Förderpumpe so praktisch nie mit Luft durchsetztes Öl ansaugen und somit fördern konnte.

Aber nicht nur international trumpfte die Werks-RS 750 R auf. Von den offiziell acht gebauten Maschinen – wahrscheinlich waren es doch einige mehr – fand ein Exemplar auch den Weg nach Deutschland. Das bereits seit Jahren im Langstreckensport erfolgreiche Team von Honda-Händler und Technik-Spezialist Roland Eckert erhielt die Maschine mit der Fahrgestell-Nummer eins zum Preis von gut 80000 Mark. Neben dem Einsatz in der Endurance-WM 84 unter Helmut Dähne und Peter Rubatto wurden 1985 auch die Läufe zur Deutschen Superbike-Meisterschaft absolviert. Dort durfte man im Gegensatz zur Langstrecke auch 1985 immer noch mit 1000 Kubikzentimeter Hubraum starten, was Roland Eckert im Winter 1984/85 zu einer besonderen Entwicklungsstufe des RS-Vierzylinders trieb – dem 998 Kubikzentimeter großen Eckert-RS-1000-Triebwerk mit 77 Millimetern Bohrung und 53,6 Millimetern Hub.

Als Basis für diesen Vierzylinder diente der serienmäßige Motor der VF 1000 R. Eckert ersetzte zunächst die schweren Guß-Laufbüchsen des Serienmotors durch wesentlich leichtere Pendants aus hochfestem Aluminium mit Nikasil-beschichteten Laufbahnen, in denen nach seinen Vorgaben gefertigte Mahle-Kolben liefen. Die Ventilsteuerung erfolgte über dieselben Nockenwellen, wie sie auch im 750er-RS-Motor Dienst taten. Die Ventile wurden über RS-Schlepphebel betätigt, die im Gegensatz zu den Schlepphebeln der VF 750 F aber nicht über Einstellschrauben mit Kontermuttern, sondern über leichtere und damit drehzahlfestere Shims, also Einstellplättchen, verfügten. Den Antrieb der Nockenwellen übernahmen die Serien-Radschächte der VF 1000 R, für die Eckert allerdings einen geänderten Modul auf die RS-Nockenwellenräder schliff.

Eine besondere Kreation schuf Eckert im Bereich des Kurbeltriebes. Er verwendete die Serienwelle der VF 1000 R, modifizierte diese aber in wesentlichen Punkten. Da sich aufgrund der von ihm verwendeten Titan-Pleuel und der Mahle-Kolben das Gewicht der Kolben-Pleuel-Einheit etwas verringerte, paßte er die Ausgleichsmasse der Kurbelwangen über Wuchtungsbohrungen entsprechend an. Die konstruktiven Vorgaben für den geänderten Massenausgleich lieferten eigens für dieses Triebwerk berechnete und gefertigte Meistergewichte, die das statische Auswuchten der modifizierten Welle ermöglichten. Um den kleinen Läufer der Endurance-Lichtmaschine der RS 750 R aufzunehmen, schliff Honda-Spezialist Roland Eckert zudem den linken Kurbelwellenstumpf auf das entsprechende Maß herunter. Vergleichsweise Herkömmliches offenbarte der Eckert-V4 dagegen im Bereich der Kraftübertragung, die über den Serien-Primärtrieb und die Kupplung der VF 1000 R auf das HRC-Fünfganggetriebe der RS 750 R erfolgte.

Der von Roland Eckert und seinem Team mit dem 1000er-Triebwerk betriebene Aufwand war beträchtlich, und gewaltige 148 PS bei 10300/min sicherten bei nur 164,5 Kilogramm Gewicht ohne Benzin aber mit Öl und Wasser 1985 konkurrenzlose Fahrleistungen. Wer sollte Peter Rubatto, den Gewinner der Superbike-Trophy von 1984, stoppen, wenn nicht technische Defekte?

Schließlich hatte das Eckert-Team mit der RS 750 R bei den Läufen zur Langstrecken-WM bereits im Vorjahr seine Schlagkraft mit dem teuren Werksrenner unter Beweis gesetzt. Nach einem verkorksten Auftakt auf dem Österreichring, wo man mit blockierter Kupplung die Segel streichen mußte, lief es beim 8-Stunden-Rennen auf dem Nürburgring trotz Bremsenproblemen merklich besser. Helmut Dähne und Peter Rubatto liefen mit dem 750er-V4 auf Rang fünf ein und komplettierten den Honda-Triumph, denn die Werks-Hondas mit Coudray/Igoa und Bertin/Sarron belegten die ersten beiden Plätze.

In der 1985 erstmals ausgefahrenen Deutschen Superbike-Meisterschaft konnte die Eckert-Honda mit dem 1000er-Triebwerk schließlich gut mitmischen. Bereits zum Saisonauftakt auf dem Nürburgring

Beinahe-Sieg im Amiland: »Fast« Freddie Spencer debütierte im März 1983 mit der FWS 1000 bei den 200 Meilen von Daytona. Schließlich brachte er den wassergekühlten V4-Boliden auf Rang zwei ins Ziel

Schneller Bayer: Helmut Dähne pilotierte 1984 zusammen mit »Mr. Superbike« Peter Rubatto die Eckert-RS 750 R in der Endurance-WM. Beim 8-Stunden-Rennen auf dem Nürburgring gab es einen fünften Platz. Es siegte damals mit Coudray/Igoa vor Bertin/Sarron das sieggewohnte französische Werks-Team

zeigte Peter Rubatto mit dem zweiten Platz, welches Potential in diesem V4-Hammer steckte. In Speyer, der zweiten Station des DM-Zirkus, dann der erste Sieg. Ein dritter Platz bei der folgenden Sitzung am Nürburgring, ein Ausfall wegen Sturzes in Augsburg, ein zweiter Platz in Hockenheim und nochmals Rang drei am Nürburgring – das war die DM-Bilanz fürs Eckert-Team und für Peter Rubatto, der in der Endabrechnung Rang fünf belegte.

»Die Konkurrenz war damals enorm stark«, resümiert Roland Eckert aus heutiger Sicht, »denn nicht nur wir, sondern auch Suzuki rückte mit zwei reinrassigen Werksmaschinen aus, und auch das Kawasaki-Material besaß einen ausgefeilten Entwicklungsstand.« Kawasaki und Pilot Andreas Hofmann entschieden die erste Superbike-DM schließlich für sich.

Für die RS 750 R kam nach dieser Saison aber das definitive Aus, da das Reglement 1986 nur noch Maschinen auf Serienbasis für die Superbikes zuließ. Zurück blieben Eindrücke von einer Rennmaschine, die für Honda große sportliche Erfolge und – vielleicht noch wichtiger – den ganz großen Durchbruch in der V4-Renntechnik brachte.

Die Sensation 1984: Mit Leichtmetall-Rahmen und 120 PS-V4 düpierte Honda den Rest der Endurance-Welt. Für die Superbike-DM 1985 baute Roland Eckert schließlich eine »Granate« auf Basis des VF 1000 R-Motors mit 148 PS bei 10300/min

TECHNISCHE DATEN RS 750 R

MOTOR

Bohrung x Hub:	70 x 48,6 mm
Hubraum:	748 cm^3
Leistung:	88 kW (120 PS) bei 12500/min
Verdichtung:	12,1:1
Zylinderwinkel:	90 Grad
Ventilwinkel:	38 Grad
Ventildurchmesser Einlaß:	28,5 mm
Auslaß:	25,5 mm
Ventilschaftdurchmesser:	4,5 mm

GEMISCHAUFBEREITUNG

Typ:	Vier Keihin-Gleichdruckvergaser Typ CV 34
Durchlaß:	34 mm

FAHRWERK

Doppelschleifen-Rohrrahmen aus Leichtmetall

TROCKENGEWICHT: 160 kg

HÖCHSTGESCHWINDIGKEIT: ca. 270 km/h

TECHNISCHE DATEN Eckert-RS 750/1000 R

MOTOR

Bohrung x Hub:	77 x 53,6 mm
Hubraum:	998 cm^3
Leistung:	109 kW (148 PS) bei 10300/min
Verdichtung:	12,4:1
Zylinderwinkel:	90 Grad
Ventilwinkel:	38 Grad
Ventildurchmesser Einlaß:	30 mm
Auslaß:	26,5 mm
Ventilschaftdurchmesser:	5,5 mm

GEMISCHAUFBEREITUNG

Typ:	Vier Keihin-Gleichdruckvergaser Typ CV 34
Durchlaß:	34 mm

FAHRWERK

Doppelschleifen-Rohrrahmen aus Leichtmetall

TROCKENGEWICHT: 164,5 kg

HÖCHSTGESCHWINDIGKEIT: ca. 285 km/h

VF 750 RK und VFR 750 RK

Fit mit Kit

Nicht jeder, der zwischen 1983 und 1985 Superbike- oder Langstreckensport betreiben wollte, konnte sich den Luxus einer gut 80000 Mark teuren Werksmaschine vom Schlage einer RS 750 R leisten – von der Schwierigkeit sie zu bekommen einmal ganz abgesehen. Dieses Problem erkannte man auch bei Honda und schuf auf der Basis der VF 750 F (RC 15) deshalb einen preiswerten Production Racer, der sich in Eigenregie mittels eines umfangreichen HRC-Kits aus der Serienmaschine aufbauen ließ.

Alleine der umfangreiche Motor-Kit, der die Leistung von nominell 90 auf angegebene 112 PS anhob, verschlang die stolze Summe von 25 000 Mark. Mit diesem finanziellen Aufwand avancierte der vormals brave Alltagsmotor zum reinrassigen Renntriebwerk, das einige Anleihen am V4 der RS 750 R nahm. So verfügten die Schlepphebel wie bei der RS beispielsweise nicht mehr über Einstellschrauben, sondern über Shims. Außerdem wuchs der Venturi-Durchmesser der Keihin-Gleichdruckvergaser auf 36 Millimeter.

Bearbeitete Zylinderköpfe mit schärferen Nockenwellen, größeren Ventilen und härteren Federn trugen ebenso zur Leistungsspritze von gut 20 PS bei wie höher verdichtende Kolben und eine 4-in-2-Auspuffanlage, bei der die Entsorgung für das vordere und das hintere Zylinderpaar nach RS-Vorbild jeweils getrennt erfolgte.

Diesem enormen finanziellen und materiellen Aufwand trug Honda schließlich noch mit einer nachhaltig überarbeiteten Aerodynamik Rechnung. Die aus Glasfaser-Laminat hergestellten Verkleidungsteile lehnten sich ganz eng an die RS 750 R an und machten aus der ehemals hochbeinigen VF 750 F ein schlankes und zierliches Rennmotorrad. Auf die schlechten Erfahrungen mit dem 16-Zoll-Vorderrad sowie den Umstand, daß es dafür ohnehin keine vernünftigen Rennreifen zu kaufen gab, reagierten die Honda-Techniker mit dem Einbau von 18zölligen Dymag-Rädern, wie sie auch in der RS 750 R verbaut waren. Nach RS-Vorbild erhielt der VF 750 RK-Renner auch die sündhaft teure Werks-Gabel von Showa mit mechanisch über den Bremssattel angesteuertem und hydraulisch auf die Dämpfer-Druckstufe wirkendem Anti-Dive-System. Allein dieses Bauteil stellte HRC den damaligen Kunden mit rund 14000 Mark in Rechnung. Ein Showa-Zentralfederbein sowie ein Lenkungsdämpfer rundeten die Änderungen am Fahrwerk ab.

Zusammen mit einem kunstvoll gefertigten Leichtmetalltank erschien die VF 750 RK im perfekten Rennkleid und mit 213 Kilogramm, vollgetankt, immerhin rund 35 Kilogramm leichter als die Serienversion – doch der Erfolg auf der Rennstrecke blieb ihr versagt. Das mag zum einen an der mit nominell 112 PS nicht gerade berauschend hohen Leistung, mehr aber noch am horrend hohen Preis gelegen haben. Exakt 59528 Mark mußte der rennambitionierte Kunde damals investieren. Zuviel für die damaligen Verhältnisse.

Renner von der Stange: Durch den Einbau des umfangreichen HRC-Kits mauserte sich die brave VF 750 F zum Endurance- und Superbike-Renner VF 750 RK. 112 PS bei 11 500/min und 197 Kilogramm Trockengewicht waren der Lohn für die Gesamt-Investition von rund 60 000 Mark

Eine weitere Möglichkeit, auf der Basis einer Serien-Honda erfolgreich Rennsport in der Superbike- beziehungsweise Endurance-Klasse zu betreiben, schuf Honda 1986 mit dem HRC-Kit für die VFR 750 F (RC 24). Wiederum ersetzten größere Vergaser (34 mm) die serienmäßigen Gleichdruck-Pendants, und schärfere Nockenwellen bemühten sich um einen effektiveren Gaswechsel bei hohen Drehzahlen. Zudem wichen die Dreiring-Kolben Exemplaren, die nur noch über einen Kompressionsring sowie einen Ölabstreifer verfügten. Den dadurch höher angeordneten Kolbenbolzen glichen längere Titanpleuel aus. Das Motorgehäuse, die Zylinderköpfe und den Kurbeltrieb übernahm man aus der Serie, das eng gestufte Renngetriebe mit sechs Gängen lieferte wiederum die Honda-Rennabteilung HRC.

Fahrwerkstechnisch brachte die bereits aus der RS 750 R und der VF 750 RK bekannte, sündhaft teure Showa-Werksgabel sowie ein hochwertiges Showa-Zentralfederbein gute Voraussetzungen für schnelle Rundenzeiten. Außerdem ersetzte ein 17-Zoll-HRC-Rad den ursprünglichen 16-Zöller.

Erstmals rüstete Honda einen Viertakt-V4 mit einer 4-in-1-Auspuffanlage aus, bei der die Krümmerrohre der jeweils linken beziehungsweise rechten Zylinder in ein gemeinsames Sammelrohr mündeten. Diese beiden Sammelrohre wurden dann kurz vor dem Endschalldämpfer zusammengeführt. Die paarweise Zusammenführung der vorderen und hinteren Zylinder erfolgte aufgrund des 180-Grad-Versatzes der beiden Hubzapfen, was eine im Vergleich zu den bisherigen V4-Triebwerken geänderte Zündfolge bedeutete. Honda gab zunächst 125, später sogar 130 PS Leistung für den V4 an. Realistisch waren knapp 120 PS, die sorgfältig präparierte Triebwerke erreichten.

Auf den Rennstrecken in Europa kam die VFR 750 RK nur sporadisch zum Einsatz. Viele Interessenten scheuten doch die Investition von gut 30 000 Mark in den umfangreichen und qualitativ hochwertigen HRC-Kit. Möglicherweise spielte auch der Respekt vor der V4-Technik eine Rolle, der bis dato in der Szene immer noch der Ruf des Problematischen anhaftete. Erfolgreicher setzte sich die VFR 750 RK in den USA in Szene, wo sie erfolgreich im Superbike-Sport mitmischte. Wayne Rainey, der spätere 500er-Champion, wurde auf ihr beispielsweise US-Meister bei den Superbikes.

War rar: Die mittels HRC-Kit von der VFR 750 F (RC 24) zur VFR 750 RK hochgerüstete V4-Honda blieb ein seltener Gast bei Superbike- und Endurance-Rennen. Für 30 000 Mark bekamen Rennfahrer 1986 einen Kit, der die Leistung auf 125 bis 130 PS hievte

TECHNISCHE DATEN VF 750 RK

MOTOR	
Bohrung x Hub:	70 x 48,6 mm
Hubraum:	748 cm^3
Leistung:	82 kW (112 PS) bei 11 500/min
Verdichtung:	11:1
Zylinderwinkel:	90 Grad
Ventilwinkel:	38 Grad
Ventildurchmesser Einlaß:	28,5 mm
Auslaß:	25,5 mm
Ventilschaftdurchmesser:	4,5 mm
GEMISCHAUFBEREITUNG	
Typ:	Vier Keihin-Gleichdruckvergaser Typ CV 36
Durchlaß:	36 mm
FAHRWERK	
Doppelschleifen-Rohrrahmen aus Stahl	
TROCKENGEWICHT:	197 kg
HÖCHSTGESCHWINDIGKEIT:	248 km/h

TECHNISCHE DATEN VFR 750 RK

MOTOR	
Bohrung x Hub:	70 x 48,6 mm
Hubraum:	748 cm^3
Leistung:	92 kW (125 PS) bei 11 500/min
Verdichtung:	11,5:1
Zylinderwinkel:	90 Grad
Ventilwinkel:	38 Grad
Ventildurchmesser Einlaß:	28 mm
Auslaß:	24 mm
Ventilschaftdurchmesser:	4,0 mm
GEMISCHAUFBEREITUNG	
Typ:	Vier Keihin-Gleichdruckvergaser Typ CV 34
Durchlaß:	34 mm
FAHRWERK	
Leichtmetall-Brückenrahmen	
TROCKENGEWICHT:	172 kg
HÖCHSTGESCHWINDIGKEIT:	255 km/h

NR 750

Zurück in die Zukunft

Die Geschichte der potentiell schlagkräftigsten V4-Rennmaschine von Honda ist rasch erzählt, bezieht sie sich im Grunde nämlich nur auf ein einziges Rennen: die 24 Stunden von Le Mans 1987. Dort demonstrierte Honda mit der Ovalkolben-Rennmaschine NR 750 nochmals eindrucksvoll, was das Werk technisch zu leisten vermochte, wenn es nur wollte – oder durfte.

Zwar fiel das Werksteam mit Nemoto/Campbell/Roy bereits nach drei Stunden aufgrund einer losen

Schockierte beim Debut: Die Ovalkolben-Maschine NR 750 startete erstmals 1987 in Le Mans, holte den zweiten Startplatz und ließ die Konkurrenz auf den Geraden einfach stehen. Mit 157 PS bei 15500/min hätte sie gute Chancen gehabt, zur unschlagbaren Endurance-Waffe zu werden. Hohe Kosten und ein Ovalkolben-Verbot durch die FIM verhinderten aber schließlich den Siegeszug

Pleuelfußschraube aus, doch zeigte sich allein mit der zweitbesten Trainingszeit und der mit Abstand höchsten Topspeed, daß die Besatzung der Über-Honda über eines nicht klagen mußte – und das war Spitzenleistung.
Gewaltige 157 PS bei 15500/min produzierte der wassergekühlte V4 mit 85 Grad Zylinderwinkel in der zweiten Entwicklungsstufe NZOB. Seit dem Konstruktionsbeginn im März 1985 entwickelte Honda im Eiltempo den Ovalkolben-750er, und bereits im Dezember dieses Jahres lief der erste NZOA-Prototyp auf dem Prüfstand. Im darauffolgenden Jahr entwickelte man das aufwendige Triebwerk, das eng an den Vierzylinder der glücklosen NR 500 angelehnt war, Schritt für Schritt zur rennfertigen NZOB-Variante weiter, die im Oktober 1986 fertiggestellt war und ihr Debut 1987 in Le Mans gab.

Leistungs-Wunder: Bereits in der Endurance-Variante protzte der Ovalkolben-V4 mit 157 PS Leistung. Für Sprint-Rennen, wo man auf Dauerhaltbarkeit verzichten konnte, waren zwischen 170 und 200 PS anvisiert

Die RVF läßt grüßen: Formgebung und Fahrwerks-Layout lehnten sich an die Werksmaschine RVF 750 F an. Brückenrahmen und Einarmschwinge aus Leichtmetall waren damals bereits zum Werks-Standard geworden

Wie die bisherigen Ovalkolben-Triebwerke des NR 500-Projektes beherbergten die Brennräume der NR 750 acht Ventile sowie zwei kleine 8-mm-Zündkerzen. Lediglich beim Zahnradantrieb der vier obenliegenden Nockenwellen setzte Honda wieder auf einen rechts außen liegenden Antrieb, wie ihn schon der allererste NR 500-Motor besaß. Wir erinnern uns: Die letzten NR 500-Entwicklungsstufen besaßen den Steuertrieb mittig zwischen den Zylindern.

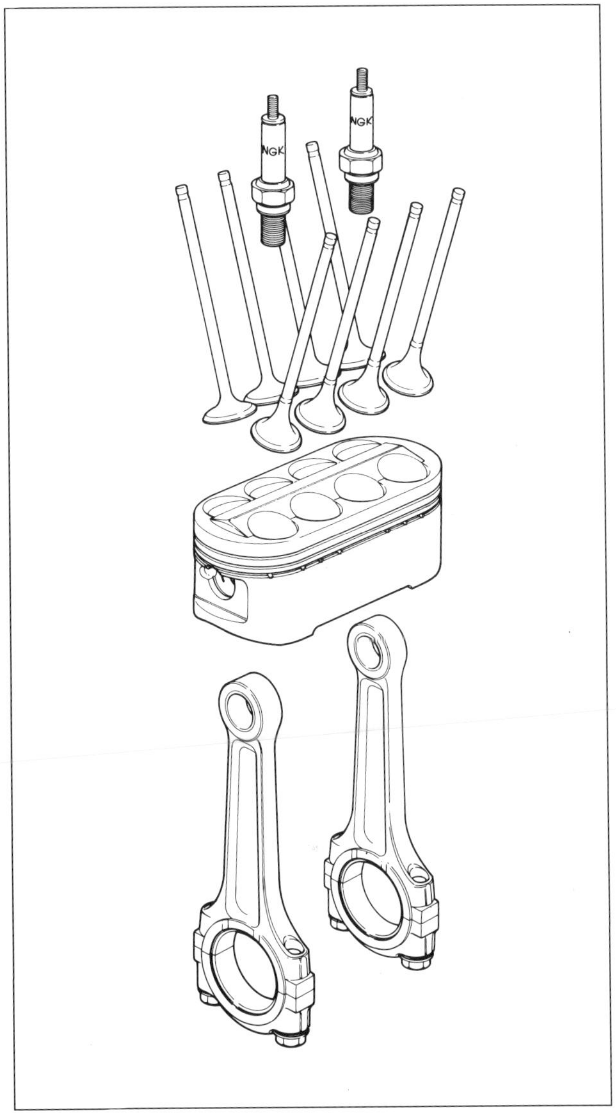

Druck-Technik: Der sehr breit bauende Ovalkolben erlaubte einen Brennraum mit acht Ventilen und zwei Zündkerzen. Wegen der verstärkten Kippneigung des Kolbens kam man aber um zwei Pleuel nicht herum. Die Abmessungen waren zwar anders als bei der späteren Serien-NR 750, doch diente das Renntriebwerk gleichsam als Vorbild

Die Frischgasversorgung übernahmen vier Doppelvergaser von Keihin mit Flachschiebern. In guter V4-Tradition betrug der Versatz der Hubzapfen auf der Kurbelwelle null Grad, was bei der 8-in-4-in-2-in-1-Auspuffanlage eine Zusammenführung der Krümmer jeweils pro Zylinderpaar nach sich zog.
Das Fahrwerk nahm aktuelle Anleihen beim Endurance-Renner RVF 750 und trug als Herzstück einen Leichtmetall-Brückenrahmen, der den V4 als tragendes Element integrierte. Das Hinterrad führte – ebenfalls nach RVF-Vorbild – eine Einarmschwinge. Bereits gut bekannt war die Showa-Telegabel: Sie war eine Weiterentwicklung des aufwendigen Bauteils mit Anti-Dive-System, wie es bereits in der RS 750 R sowie den Kit-Rennern VF 750 RK und VFR 750 RK Dienst tat. Das Fahrwerk war von vornherein auf 17-Zoll-Räder ausgelegt.
So plötzlich die NR 750 in Le Mans debütierte, so schnell verschwand sie auch wieder von der Bildfläche, von einigen Rennen in Australien einmal abgesehen. Dort bestritt das Werksteam die »Swan Series« und holte mit dem Duo Campbell/Scolyer bei drei Einsätzen im November und Dezember 1987 einen Sieg sowie einen zweiten und einen dritten Platz.
Ohne Zweifel: Diesem Motorrad wäre eine rosige Zukunft beschieden gewesen, denn der Vierzylinder, der ja eigentlich ein Achtzylinder war, stellte in puncto Leistung zu dieser Zeit alle anderen 750er-Viertakter mit 15 bis 20 PS Vorsprung in den Schatten. Zu allem Überfluß wog die Maschine dann auch noch lediglich 145 Kilogramm ohne Benzin, jedoch mit Öl und Wasser. Wer sollte dieses Motorrad mittelfristig schlagen können?
Sicher spielten eine Menge Gründe eine große Rolle, die zur Einstellung des NR 750-Projektes führten. Die immensen Wartungs- und Revisionskosten für den Motor beispielsweise wären für private Teams

damals nie und nimmer tragbar gewesen. Außerdem munkelte man von heftigen Einsprüchen der Konkurrenz hinter den Kulissen, die die FIM letztlich dazu bewogen haben sollen, ein Verbot für Ovalkolben-Triebwerke auszusprechen. Wie auch immer: Der Spannung im Viertakt-Rennsport tat die Abstinenz der NR 750 in den Folgejahren sicherlich nur geringen Abbruch, doch in technischer Hinsicht war der Abtritt des Ovalkolbenrenners von der Rennbühne höchst bedauerlich. Schließlich handelte es sich beim 157 PS starken NR-Motor noch um eine 24-Stunden-Variante, die auf Haltbarkeit ausgelegt war. Von über 170 PS sprachen die Ingenieure für Kurzstrecken-Triebwerke, und gar 200 PS waren mittelfristig anvisiert.

Den vorläufigen Schlußpunkt unter die NR-Entwicklung setzte im Herbst 1991 der Straßensportler NR 750. Allerdings handelte es sich bei diesem Triebwerk keineswegs um eine astreine Replica des Rennmotors, sondern um eine daraus weiterentwickelte Variante. So betrug der Zylinderwinkel nun 90 Grad, und die Kolbenmaße wichen deutlich von der ursprünglichen Bemaßung ab. Und auch für die Straßenmaschine galt dasselbe wie für den Renner: Zum Durchbruch kam es für beide nie, und dennoch setzten sie technisch Zeichen.

TECHNISCHE DATEN NR 750 (NZOB)

MOTOR		GEMISCHAUFBEREITUNG	
Bohrung x Hub:	(106,9 x 46 mm) x 42 mm (75,3 x 42 mm rund gerechnet)	Typ:	Vier Keihin-Gleichdruck-Doppelvergaser
Hubraum:	748 cm^3	Durchlaß:	28 mm
Leistung:	115 kW (157 PS) bei 15500/min	FAHRWERK	
		Leichtmetall-Brückenrahmen	
Verdichtung:	11,5:1		
Zylinderwinkel:	85 Grad	TROCKENGEWICHT:	145 kg
Ventilwinkel:	29 Grad		
Ventildurchmesser Einlaß:	20 mm	HÖCHSTGESCHWINDIGKEIT:	ca. 290 km/h
Auslaß:	18 mm		
Ventilschaftdurchmesser:	4,0 mm		

VFR 750 R (RC 30)

Serien-Held

Pünktlich zur erstmals 1988 ausgetragenen Superbike-Weltmeisterschaft präsentierte Honda mit der VFR 750 R (RC 30) die damals schlagkräftigste Homologations-Maschine, die der Privatmann für 25000 Mark beim Honda-Händler kaufen konnte. Aufgerüstet mit dem HRC-Superbike-Kit erhielten die Rennfahrer dann ein Motorrad, das international im Konzert der schnellsten Superbikes der Konkurrenz mitblasen konnte – und auf nationaler Ebene für Siege gut war. Aus internationaler Sicht waren die Erfolge in erster Linie mit zwei Namen verknüpft: Fred Merkel und Carl Fogarty. In der Deutschen Superbike-Meisterschaft sorgte ein anderes Gespann für Furore: Andreas Hofmann und die Eckert-Honda.

Das Einstiegsjahr 1988 war für Honda ein Prüfstein. In der frischgeborenen und von dem amerikanischen Ex-Rennfahrer Steve McLaughlin vermarkteten Superbike-WM wollte man nicht um Platz, sondern um Sieg fahren. »Honda enters – Honda wins«, lautete die Parole. Doch nicht zuletzt aus Kostengründen scheute das japanische Mutterhaus ein direktes Werks-Engagement. Es überließ die WM-Auftritte einem mit besonderer Werksunterstützung gesegneten Team – dem steinreichen Italiener Oscar Rumi, der den dreifachen amerikanischen Superbike-Meister Fred Merkel als Fahrer verpflichtete. Hondas Schachzug sollte sich wenig später als brilliant erweisen.

Beim Saisonauftakt im englischen Donington Park lief Merkel nach Motor- und Reifenproblemen im ersten Durchgang auf Rang vier, im zweiten Lauf auf Platz zwei ein. Der Einstieg war also gelungen – aber ein Sieg fehlte noch. Und vorerst sollte dies auch so bleiben, denn beim zweiten WM-Termin in Hockenheim blieb der Amerikaner wegen mangelnder Motorleistung in beiden Läufen ohne Punkte. Das kleine italienische Bimota-Werk konnte sich so mit dem Piloten Davide Tardozzi auf der Bimota-Yamaha YB 4 an die Spitze der WM-Tabelle setzen.

Honda hatte mit der RC 30 ein Motorrad gebaut, das sich konzeptionell haarscharf an den siegreichen Endurance-Werksmaschinen RVF 750 F orientierte. Sei es der wassergekühlte 90-Grad-V4 oder der Brückenrahmen aus Leichtmetall mit der gegossenen Einarmschwinge – alle diese Features waren von der Werks-RVF übernommen, die von 1985 bis 1987 die Langstrecken-WM souverän gewann. Doch die Ansprüche in Sprintrennen waren um sovieles anders – Leistung war gefragt. Und genau da mangelte es der neuen Honda noch. Außerdem neigte der in Merkels 88er-Version etwa 135 PS starke Motor zum Überhitzen, was wiederum Dampfblasenbildung in den Vergasern hervorrief und die Gasannahme drastisch verschlechterte. Daneben heizten die beiden hinteren Auspuffkrümmer auch das Zentralfederbein auf – es konnte seinen Dämpfungsaufgaben dann rasch nicht mehr nachkommen.

Doppel-Schlag: Mit der werksunterstützten Rumi-RC 30 heimste der Amerikaner Fred Merkel 1988 und 1989 die Superbike-Weltmeisterschaft ein. Der Superbike-Weltmeister von 1994, Carl Fogarty, gewann mit der VFR 750 R 1989 zudem die TT-F1-WM. Die WM-Titel sowie zahlreiche nationale Erfolge begründeten den Mythos RC 30

Doch Honda ließ nicht locker und beseitigte die Probleme nach und nach. Dennoch sah es für Merkel nach einem Sturz beim österreichischen WM-Lauf in Zeltweg und dem Bimota-Doppelsieg beim darauffolgenden WM-Lauf im portugiesischen Estoril nie und nimmer nach der WM-Krone aus. Yamaha führte mit Fabrizio Pirovano knapp vor Bimota die WM-Wertung vor dem letzten Lauf an. Merkel ging als Dritter in den letzten Heat, der im neuseeländischen Manfeild ausgetragen wurde. Dort schlug schließlich Merkels Stunde, der einen Trainingssturz Tardozzis sowie Pirovanos falsche Reifenwahl im Rennen ausnutzte. Auf der langsam abtrocknenden Strecke fuhr er auf Intermediates den ersten Honda-Sieg ein – Yamaha-Widersacher Pirovano fiel auf Slicks aussichtslos zurück. Im zweiten Lauf bewies der Amerikaner dann Nervenstärke, und ihm genügte ein fünfter Platz vor seinen beiden italienischen Kontrahenten zum Titelgewinn. Wenngleich es für Honda in der ganzen Superbike-WM-Saison nur einen Laufsieg gab, hatten sie dennoch Wort gehalten: »Honda enters – Honda wins« – gleich im ersten Jahr wurde die RC 30 unter dem Kalifornier Fred Merkel Superbike-Weltmeister. Im darauffolgenden Jahr überzeugten Merkel und die Honda RC 30 letztlich wieder durch den Titelgewinn in der Superbike-WM, doch die anfänglich befürch-

Der Urahn: Die RVF 750, mit der Coudray/Igoa 1985 die Langstrecken-WM gewannen, war die erste V4-Honda mit Leichtmetall-Brückenrahmen. Der Motor mit 180-Grad-Kurbelwelle war Basis für die VFR 750 F (RC 24), doch das Design der RVF läßt bereits große Ähnlichkeiten zur RC 30 erkennen

Der Prototyp: Honda siegte auch 1986 in der Endurance-WM. Wie die RC 30 besaß schon die RVF 750 von 1986 und 1987 ein 360-Grad-Triebwerk mit Tassenstößeln sowie ein Leichtmetall-Chassis mit Einarmschwinge

tete oder – je nach Sichtweise – erhoffte Dominanz der RC 30 blieb auch in dieser Saison wieder aus. Fred Merkel errang die WM-Krone nicht durch viele triumphale Siege, sondern durch beständiges Punkten und die Ausfälle der Konkurrenz. Im selben Jahr errang schließlich noch der Brite Carl Fogarty den WM-Titel der TT-Formel 1, bei der im Gegensatz zu den Superbikes wesentlich mehr Veränderungen am Motorrad erlaubt waren. So fuhren die TT-F1-RC 30 1988 und 1989 beispielsweise mit 38 Millimeter großen Keihin-Vergasern, was ein erkleckliches Plus an Spitzenleistung brachte. Honda gab für den Superbike-Kit-Motor 125 PS und für den TT-F1-Motor 133 PS Spitzenleistung an. Außerdem waren die nach dem TT-F1-Reglement aufgebauten Motorräder mit etwa 150 Kilogramm Trockengewicht wesentlich leichter als die 165 Kilogramm schweren Superbikes.

Nach den beiden Titelgewinnen bei den Superbikes begann der Stern der RC 30 international aber bereits wieder zu sinken. Größtes Manko waren die mit 35,3 Millimetern Venturi-Durchmesser mittlerweile zu kleinen Vergaser, die aufgrund des Superbike-Reglements jedoch nicht ersetzt werden durften. Entsprechend versuchten die Teams und auch das Werk zusätzliche Leistung über eine drastische Anhebung der Drehzahl zu erreichen. Die intern mit dem Kürzel NL0 bezeichneten Werksmotoren versuchten in den Teams des Italieners Oscar Rumi und des belgischen Honda-Spezialisten Jean D'Hollander mit verkürzten Ansaugwegen mehr Spitzenleistung zu erzielen. Ein Weg, der nicht erfolgreich war, da die beim Herausbeschleunigen so wichtige Midrange-Power stark sank. Auch Versuche mit einer Doppelrohr-Auspuffanlage mit je einem Endschalldämpfer für vorderes und hinteres Zylinderpaar, wie sie das Rumi-Team noch 1993 einsetzte, verliefen wenig erfolgreich. Mit knapp 13800/min war die RC 30 damals an ihrem Drehzahllimit angekommen. Erneute Konkurrenzfähigkeit in der Superbike-WM hätten nur drastisch geänderte Einlaßquerschnitte sowie neue Zylinderköpfe mit kleinerem Ventilwinkel gebracht. Doch Honda sparte sich jegliche nachträglichen Homologationen an der RC 30 – was in Insiderkreisen nach wie vor als großer Fehler angesehen wird.

Auf nationaler sprich deutscher Ebene war die RC 30 wesentlich dominanter als im internationalen WM-Geschehen. Allerdings waren die beiden Superbike-DM-Titel 1989 und 1990, sowie die Vize-Meisterschaft 1988 neben der fahrerischen Klasse des

Schweizers Andreas Hofmann in hohem Maße auf das große persönliche Engagement des Belzhager Eckert-Teams zurückzuführen. Roland Eckert, seit 1974 mit Honda-Viertaktern im Langstreckensport aktiv und erfahren, betrieb neben dem eigenen Honda-Handel und seiner Maschinenbau-Firma in kleinem aber perfekt durchorganisiertem Stil sein Superbike-Team, und setzte bei seinen RC 30 fast ausschließlich auf eigene Entwicklungsarbeit – und auf eigenes Geld. Mit Ausnahme einer Werkszündung, die am Ende der 89er-Saison eintraf, erhielt der Schwabe für sein Honda-Engagement keine Werks-Unterstützung.

Wie sich schnell herausstellen sollte, war dies aber auch nicht notwendig, denn die Eckert-Honda lernte auch so das Rennen. Bereits beim offiziellen DM-Auftakt 1988 in Speyer fuhr Andy Hofmann auf dem erstklassig vorbereiteten Motorrad auf Rang vier. Beim WM-Lauf in Hockenheim heimste Hofmann mit den Rängen acht und zehn gar sieben WM-Punkte ein. Damit war bereits nach zwei Rennen bewiesen: Das für jedermann käufliche Kit-Material war von den Werksmaschinen nicht soweit entfernt wie anfangs befürchtet. Beim nächsten DM-Lauf in Colmar-Berg gab es dann bereits den ersten Sieg für Andy Hofmann und die Crew um Roland Eckert. Am Saison-

Weiß-blaue G'schichten: Die RC 30 des Belzhager Eckert-Teams beherrschte drei Jahre lang die Deutsche Superbike-Meisterschaft. Nach dem Vize-Titel 1988 gewann der Schweizer Andreas Hofmann 1989 und 1990 überlegen die DM. 1991 zog sich die Eckert-Mannschaft aus dem Rennsport zurück

Meister-Stück: Roland Eckert betrieb konsequente Entwicklungsarbeit an der RC 30. Neben den üblichen Kit-Teilen setzte er vermehrt auf eigene Lösungen, wie zum Beispiel die Luftzuführung zur Ansaugwanne unter dem Tank oder die 330 Millimeter großen ISR-Sechskolben-Bremsen

ende mußte man sich dennoch Ernst Gschwender auf der Werks-Suzuki beugen, war mit Rang zwei im Endklassement und der Vizemeisterschaft aber dennoch hochzufrieden.

Für die Saison 1989 hatte die Deutsch-Schweizerische Paarung Eckert / Hofmann aber fest den Titel im Visier. Roland Eckert, Sohn Jochen und Mechaniker Karl-Heinz Rumm begaben sich konzentriert auf Leistungssuche. Hierbei nutzten sie im übrigen eine technische Klausel im Reglement, die das Aufbohren des Triebwerks um ein Prozent auf 70,4 Millimeter Bohrung zuließ und so einen minimalen Hubraumvorteil brachte. Neben dem Umbau von der einfachen RC 30-Ölpumpe auf die Doppelölpumpe der serienmäßigen RC 24 sowie penibler Feinbearbeitung der Zylinderköpfe legte Eckert aber vor allem auf einen sorgfältigen Zusammenbau größten Wert. Die Gehäusebohrungen für die Kurbelwellenlager wurden beispielsweise nachträglich ausgespindelt, um absolute Lagerfluchten zu gewährleisten. Alles weitere spielte sich in mühsamer Prüfstandsarbeit ab, wo Roland Eckert unter anderem eine Frischluftzuführung zu den Vergasern entwickelte, die die lästige Aufheizung der Schwimmerkammern unterband und das Triebwerk gleichzeitig mit leistungsfördernder weil kühler Ansaugluft versorgte. Fahrwerksseitig setzte Eckert in erster Linie auf Erprobtes. So arbeiteten wie beim Werks-Motorrad von Fred Merkel vorne eine Showa-Gabel aus dem HRC-Kit sowie hinten ein Kit-Federbein des gleichen Herstellers.

Die nächste Saison 1989 entschädigte schließlich nachhaltig für die im Winter gemachten Anstrengungen. Bereits vor dem traditionellen Auftaktrennen in Speyer belegte Hofmann beim WM-Lauf in Donington den neunten Platz – ein Auftakt nach Maß für das kleine aber professionelle Team.

In der DM sollte es aber noch weitaus besser kommen. Was für die Werks-Honda unter Fred Merkel in der WM die Ausnahme war, sollte für die Eckert-RC 30 zur Regel werden: Siege! Fast immer stand Andy Hofmann 1989 auf dem Treppchen ganz oben – und heimste mit 137 Punkten souverän den Titel ein. Auf welch hohem technischen Niveau die Eckert-Mannschaft agierte, zeigte sich neben der Tatsache, daß kein technischer Ausfall zu beklagen war, nochmals auf internationalem Parkett beim WM-Lauf in Hockenheim. Im ersten Lauf kam er gar als führender Mann vor der Armada von Werksmaschinen aus der ersten Runde zurück, was so recht nach dem Geschmack der Zuschauer war. Letztlich kostete ihn nur ein Verbremser eine Plazierung unter den Top Five – er wurde siebter, im zweiten Durchgang zwölfter.

Ganz nach dem Motto »Einen Titel zu gewinnen ist schwierig – ihn zu verteidigen aber noch weitaus schwieriger« entwickelte Roland Eckert für die Saison 1990 beständig an der RC 30 und erreichte durch viel Feinarbeit schließlich etwa 143 bis 147 PS Leistung bei einer Drehzahl von 13250/min. Wichtiger als die schiere Spitzenleistung war dem Motoren-Mann aber stets die Art und Weise, wie der V4 seine Leistung bereitsstellte: »Entscheidend ist die Fahrbarkeit des Motors. Es nützt wenig, wenn wir zwei PS Spitzenleistung gewinnen und dafür in der Mitte fünf

PS verlieren«, erklärt er. »Aus diesem Grunde habe ich Versuche mit gekürzten Ansaugwegen, wie sie auch das Werk machte, rasch wieder verworfen. Der Motor hatte im mittleren Bereich einfach zuwenig Leistung«, resümiert Roland Eckert.

Die Dominanz von 1989 setzte sich 1990 schließlich fort, und Andy Hofmann gewann gleichermaßen unangefochten den DM-Titel. Diese Erfolge im Rücken, dachte man im Hause Eckert für die Saison 1991 ernsthaft über Werks-Motoren und ein verstärktes Engagement in der Weltmeisterschaft nach. Da sich das Sport-Engagement des deutschen Honda-Importeurs in Offenbach aber eindeutig auf den Grand-Prix-Sport und dort auf die 250er-Klasse konzentrierte, wurde aus der anvisierten Werksunterstützung nichts. Entsprechend entschied sich Roland Eckert, auch 1991 die Superbike-DM mit Pilot Andy Hofmann zu bestreiten. Mit großer Wahrscheinlichkeit hätte sich auch in diesem Jahr

Drang nach Perfektion: Es gab kaum ein RC 30-Bauteil, das Roland Eckert nicht auf Verbesserungswürdigkeit hin untersuchte. Der schwäbische Meister-Macher stellte die RC 30-Technik im Grundsatz nie in Frage, sondern betrieb konsequente Detailoptimierung. Fraglos einer der Schlüssel zu den Eckert-Erfolgen

Wille zum Sieg: Andreas Hofmann aus Büren / CH gewann viele DM-Läufe durch die überlegene Kombination aus Kämpfer-Natur und Top-Maschine. Die Serie von 15 Siegen in den Jahren 1988, 1989 und 1990 war beispiellos und verdeutlichte die Schlagkraft des Duos Eckert / Hofmann

Motorräder, die Geschichte machten: Roland Eckerts V4-Ära begann mit der Werks-RS 750 R (84/85) und der VFR 750 RK (86/87), die aber nie zum Einsatz kam. Dann folgten drei erfolgreiche Jahre mit der RC 30, bevor 1991 der Rücktritt kam. Die letzte gebaute Eckert-RC 30 war eine zulassungsfähige Replica der Meistermaschine von 1990 (vorne). Mit 143 PS und nur 170 Kilogramm Gewicht beeindruckte sie den Autor bei Testfahrten nachhaltig

der Titel verteidigen lassen, wäre nicht Eckerts Sohn Jochen, der mittlerweile maßgeblichen Anteil an der Motorenentwicklung trug, kurz nach dem Auftaktrennen in Speyer bei einem Verkehrsunfall tödlich verunglückt. Eckert stellte daraufhin seine Sportaktivitäten ein – Andy Hofmann wechselte zwangsläufig ins Team von Jung-Kawasaki.

Welche Leistung hinter den drei Renn-Jahren der Eckert-RC 30 aber wirklich steckte, vermag ein Außenstehender kaum zu beurteilen. Als Indiz für die Extraklasse des Eckert-Teams wollen wir deshalb nur eines anführen. Mit Eckerts Rückzug aus der Superbike-DM verstummte auch das Röhren der RC 30 auf den Spitzenplätzen. Kein anderes Team schaffte es, auch nur annähernd an die Erfolge der Eckert-Honda anzuknüpfen. Plazierungen unter den ersten fünf wurden immer rarer, Siege gab es nur ganz selten und dann nur unter besonders günstigen Bedingungen. Roland Eckerts Superbike-Zeit von 1988 bis 1991 war in ihrer Form einmalig und konnte von der Konkurrenz später nur mit wesentlich größerem finaziellem und personellem Aufwand erreicht werden. Yamaha errang den DM-Titel 1991 mit Udo Mark als Fahrer mit einem Importeursteam, und auch 1992 und 1993 gingen die Titel mit dem DNL-Ducati-Fahrer Edwin Weibel an einen Importeur. Erst 1994 gelang es mit Udo Mark auf einer vom Schweizer Edgar Schnyder vorbereiteten Ducati 926 wieder einem Privatfahrer, den Titel für sich zu entscheiden.

TECHNISCHE DATEN VFR 750 R (RC 30)
(Superbike-Kit; TT-F1-Kit in Klammern)

MOTOR		GEMISCHAUFBEREITUNG	
Bohrung x Hub:	70 x 48,6 mm	Typ:	Vier Keihin-Gleichdruck-Vergaser
Hubraum:	748 cm^3		
Leistung:	92 kW (125 PS) bei 13000/min (99 kW (133 PS) bei 13000/min	Durchlaß:	35,3 (38) mm
Verdichtung:	11,2:1	FAHRWERK	
Zylinderwinkel:	90 Grad	Leichtmetall-Brückenrahmen	
Ventilwinkel:	38 Grad		
Ventildurchmesser Einlaß:	24,5 mm	TROCKENGEWICHT:	165 (ca. 150) kg
Auslaß:	28 mm		
Ventilschaftdurchmesser:	4,5 mm	HÖCHSTGESCHWINDIGKEIT:	ca. 280 km/h

VFR 750 R (RC 30) AMA-Superbike

Daytona Speedfreak

Die Daytona Bike Week, die alljährlich Ende Februar die Stadt an der Ostküste Floridas in ein Tollhaus von Harley-Fahrern und leicht geschürzten Mädchen verwandelt, ist aus sportlicher Sicht der traditionelle Saisonauftakt. Entsprechend unternehmen die amerikanischen Importeure und Renn-Teams alles, um gerade beim Highlight – den 200 Meilen von Daytona – gut auszusehen. Faktisch bedeutet dies in vielen Fällen Werks-Unterstützung aus Japan.

Als der Autor 1993 die Bike Week besuchte, hatte er Gelegenheit, ein technisch besonders interessantes Motorrad – die VFR 750 R (RC 30) der amerikanischen Superbike-Piloten Mike Smith und Tom Kipp – zu inspizieren. Um es gleich vorweg zu nehmen: Die nach dem amerikanischen AMA-Reglement (American Motorcycle Association) aufgebaute RC 30 hatte mit der ursprünglichen RC 30 nur noch den Rahmen sowie das Motor-Layout gemeinsam. Entgegen dem in der Superbike-WM und der Deutschen Superbike-Meisterschaft geltenden FIM-Reglement schrieb die AMA keine Beibehaltung der serienmäßigen Silhouette der Maschine vor. Verkleidung, Tank, Sitzbank – alles durfte also nach Gusto geändert werden.

Bei der von American Honda für das 200-Meilen-Rennen 1992 aufgebauten Maschine wurden denn auch sämtliche technischen Register gezogen, um die in der Weltmeisterschaft mittlerweile chancenlose RC 30 nochmals siegfähig zu machen. So stammten Verkleidung, Tank und Sitzbank vom Endurance-Werksrenner RVF 750 F, Jahrgang 1991. Neben einer besonders günstigen Aerodynamik erlaubte dieser Umbau endlich auch eine vernünftige Zuführung der Ansaugluft zu den Vergasern. Wie bei der Werks-RVF geschah dies über zwei dreieckige Einlässe im Verkleidungsoberteil und von dort über zwei mächtige Röhren, die durch den Tank geführt waren, zur Airbox. Zusätzlich bezog der V4 aber auch noch kühle Ansaugluft durch einen rechteckigen Schacht zwischen oberem Wasserkühler und unterer Gabelbrücke. Entscheidend für das hohe Leistungspotential, das diese Maschine besaß, waren aber die 41 Millimeter großen Keihin-Flachschieber-Vergaser aus Magnesium mit elektronisch gesteuerter Vollastanreicherung. Es war exakt dieselbe Gasfabrik, die auch den Vierzylinder der Werks-RVF mit Frischgas fütterte.

Dazu passend besaß das Triebwerk Zylinderköpfe mit größeren Ventilen und stark erweiterten Kanälen. All dies jedoch auf der Basis des RC 30-Motors. Etwa 150 PS Leistung bei 13800/min gab Teamchef Ray Plumb für die mit Öl und Wasser knapp 160 Kilogramm schwere V4-Honda an. Ein Wert, der angesichts der in Daytona gemessenen Vmax von 292 km/h eher untertrieben erscheint. In der Tat brachte die von der RVF entlehnte Luftzuführung bei hohen Geschwindigkeiten einen leichten Aufladungseffekt durch den in der Airbox entstandenen Staudruck.

Aufgrund von Erfahrungswerten können wir sagen, daß bei einer Geschwindigkeit von 250 km/h der Überdruck im Ansaugkasten bei etwa 25 bis 30 Millibar liegt. Prüfstandsversuche zeigten, daß sich pro Millibar Überdruck etwa ein Leistungsplus von 0,1 kW einstellt. Für die Daytona-Honda von Mike Smith und Tom Kipp bedeutete dies also eine zusätzliche Leistung von etwa drei kW, womit ihnen damals etwa 155 PS zur Verfügung gestanden haben dürften. Ein Wert, der sich mit den 292 km/h in etwa vereinbaren läßt. Eine weitere entscheidende Maßnahme zur Leistungssteigerung war der Einbau der Werks-Zündung aus dem RVF-Renner, die im Verein mit dem superleichten Ventiltrieb (Titan-Ventile) Drehzahlen bis maximal 14 000/min zuließ. Exakt auf diese Drehzahl abgestimmt war entsprechend die 4-in-2-in-1-Auspuffanlage, die ebenfalls von der Werks-RVF stammte.

Fahrwerksseitig konnte man bei American Honda jedoch nicht auf den Werks-Rahmen der RVF 750 F zurückgreifen, da das AMA-Reglement die Verwendung des serienmäßigen Fahrgestelles vorschrieb. So versteiften die Techniker des Honda R&D-Centers in Kalifornien das RC 30-Chassis also nach ihren Vorstellungen im Bereich des Lenkkopfes und der Schwingenlagerung. Entgegen dem RVF-Rahmen, bei dem das Motorgehäuse vorne über zwei Profilstreben mit dem Chassis verbunden war, behielt der Daytona-Renner die ursprüngliche RC 30-Lösung bei, bei der das Triebwerk am vorderen Zylinderkopf mit dem Fahrwerk verschraubt war.

Krass geändert war an Tom Kipps Honda hingegen die Einarmschwinge. Bei ihr handelte es sich um eine von der amerikanischen Tuningfirma Stark modifizierte Serienschwinge. Wie das von HRC angebotene Kit-Teil war sie zugunsten größerer Handlichkeit

Hatte Qualm wie die Werks-RVF: Die nach dem amerikanischen AMA-Reglement aufgebaute RC 30, wie sie Mike Smith und Tom Kipp 1993 in Daytona fuhren. Mit 292 km/h Topspeed war die mit zahlreichen RVF-Teilen präparierte Honda das schnellste Motorrad im 200-Meilen-Feld von 1993

etwas verkürzt, verfügte für erhöhte Torsionssteifigkeit aber noch über einen aufgeschweißten Blechprofil-Kasten im Bereich der Lagerung. Nach dem Vorbild des Ovalkolbenrenners NR 750 war die Sekundärkette kunstvoll durch einen Kettenschacht geführt.
Bei den Federelementen griffen die amerikanischen Techniker um Ray Plumb wiederum auf die Werks-RVF zurück. Die Upside-down-Telegabel mit 43 Millimeter starken Standrohren stammte ebenso wie das Zentralfederbein von Showa. Auch die Brembo-Vierkolbenanlage am Vorderrad war von der Werks-RVF bekannt.
Der immense technische Aufwand, den Honda America in Zusammenarbeit mit dem japanischen Mutterhaus betrieb, sollte sich in Daytona zunächst auch auszahlen. Immerhin galt es, Scott Russel (Muzzy-Kawasaki) und Eddie Lawson (Vance & Hines-Yamaha) zu schlagen. Im Training schrammte Mike Smith nur um einen Wimpernschlag an der Pole-Position vorbei, die Scott Russell noch kurz vor Ende des Abschlußtrainings einheimste. Position zwei aber immerhin für ihn auf dem überarbeiteten Oldie RC 30. Weniger gut lief es dann im Rennen, wo Mike Smith bereits in der ersten Runde mit verbrannter Kupplung ausschied. Mit Rang fünf im Endklassement rettete Nachwuchsmann Tom Kipp schließlich die Honda-Ehre. Der Sieg ging nach einem hochdramatischen Zweikampf aber an den erfahrenen Ex-Weltmeister bei den 500ern, Eddie Lawson, mit hauchdünnem Vorsprung vor Superbiker Scott Russell. Honda blieb bei den 200 Meilen 1993 lediglich die moralische Genugtuung, der betagten RC 30 mit extremen Modifikationen noch einmal gehörig das Laufen beigebracht zu haben. Sie war mit 292 km/h das schnellste Motorrad im Feld.

Nach NR-Vorbild: Wie bei der NR 750 führte die Sekundärkette an Tom Kipps Maschine durch einen Schacht. Der von Stark gefertigte Schwingenarm basierte auf dem Originalteil der RC 30 und trug aus Gründen der Stabilität einen aufgeschweißten Kasten aus Leichtmetallblech

TECHNISCHE DATEN VFR 750 R (RC 30)
AMA-Superbike

MOTOR		GEMISCHAUFBEREITUNG	
Bohrung x Hub:	70 x 48,6 mm	Typ:	Vier Keihin-Flachschieber-Vergaser
Hubraum:	748 cm^3	Durchlaß:	41 mm
Leistung:	110 kW (150 PS) bei 13800/min		
Verdichtung:	13 : 1	FAHRWERK	
Zylinderwinkel:	90 Grad	Leichtmetall-Brückenrahmen	
Ventilwinkel:	38 Grad		
Ventildurchmesser Einlaß:	28 mm	TROCKENGEWICHT:	ca. 160 kg
Auslaß:	25 mm		
Ventilschaftdurchmesser:	4,5 mm	HÖCHSTGESCHWINDIGKEIT:	ca. 290 km/h

RVF 750 F Suzuka-Racer

Sieger-Typ

Da sage einer noch, die Japaner können nicht feiern. Geht es ihnen darum, die amerikanischen Biker in puncto Rennsportbegeisterung und damit verbundener Ausgelassenheit zu übertrumpfen, wachsen die Asiaten geradezu über sich hinaus: Was den Motorradsport-Fans in den USA alljährlich Ende Februar die Daytona Bike-Week mit dem 200-Meilen-Rennen ist, bedeutet den japanischen Bikern ihre Rennwoche in Suzuka. Über 300 000 Motorradfans bevölkern jedes Jahr im Juli das Suzuka Circuitland, etwa 100 Kilometer östlich von Nagoya in Mitteljapan, um dort vom Moto Cross über verschiedene Kurz- und Mittelstrecken-Rennen bis hin zu Rockkonzerten im wunderschön angelegten Suzuka-Park in dieser einen Woche im Jahr einmal so richtig die Motoren kreischen und den Sake fließen zu lassen. Highlight des Spektakels auf der Honda-eigenen Renn- und Teststrecke sind die 8 Stunden von Suzuka – die Eight Hours.

Welchen Stellenwert dieser Langstrecken-Klassiker in Japan einnimmt, erkennt der Suzuka-Besucher aber nicht nur an der Zahl der Zuschauer und am Durchmesser des Riesenrades. Das Programmheft zieren alljährlich prominente Namen. Bei den Eight Hours 1993 waren dies die 500er-Cracks Mick Doohan, Eddie Lawson, Daryl Beattie (alle Honda) und Alexandre Barros (Suzuki) sowie die Superbiker Scott Russell und Aaron Slight (Kawasaki). Nicht zu vergessen die vielen hochmotivierten einheimischen Piloten, die in diesem Acht-Stunden-Event einmal im Jahr die Gelegenheit bekommen, sich mit den besten Piloten dieser Welt zu messen.

Die großen Vier im japanischen Motorradbau – Honda, Kawasaki, Suzuki und Yamaha – scheuen keine Kosten und Mühen, um vor einheimischem Publikum zu glänzen. »Allein HRC wendet etwa 25 Prozent seines Jahresetats nur für dieses eine Rennen auf«, erklärte mir Yoichi Oguma, Vize-Präsident der Honda Racing Corporation. Weshalb solch immense Anstrengungen in Zeiten allgemeiner Kostendämpfung überhaupt betrieben werden und warum Suzuka letztlich so wichtig für die vier japanischen Hersteller ist, wußte Erv Kanemoto, Chef des Honda-Werkteams mit Eddie Lawson und Satoshi Tsujimoto: »In erster Linie wollen sie sich im eigenen Land präsentieren und demonstrieren, was sie zu leisten im Stande sind. Sie wollen ihren Landsleuten einen Teil ihres eigenen Landes, ihrer Identität zeigen.« Kanemoto, dessen Herz eher für den Grand Prix-Sport und weniger für die Langstrecke schlägt, beschrieb die Herausforderung der Eight Hours so: »Anfangs fand ich die 8 Stunden von Suzuka uninteressant, aber das hat sich geändert. Hierher kommen die meisten Zuschauer und die besten Fahrer auf dem besten Material.« Auch 1993 wogten wieder die Zuschauermassen an die Honda-eigene Rennstrecke. Allein am Rennsonntag waren es über 120 000 Fans, die ihre GP- und Superbike-Stars auf den sündhaft

Technisch unschlagbar: Der letzte Werks-Prototyp, die RVF 750 F, landete bei den 8 Stunden von Suzuka 1993 nur wegen Lawsons Sturz auf dem undankbaren zweiten Platz. Über 150 PS bei nur 140 Kilogramm Trockengewicht markierten einen deutlichen Vorsprung gegenüber der Konkurrenz

teuren und nach dem freizügigen TT-F1-Reglement aufgebauten Werks-Prototypen gegen die zumeist auf Privat-Maschinen startende einheimische Armada bestehen sehen wollten. Letzmals in dieser Form übrigens, denn für 1994 änderte die Fédération Internationale Motocycliste (FIM) das Langstrecken-Reglement. Fortan galt auch in diesem Bereich das Regelwerk der Superbikes, was drastische Beschneidungen der Freiheitsgrade für die Ingenieure bedeutete. Aus diesem Grunde stellt die Werks-Honda RVF 750 F, die 1993 in Suzuka eingesetzt wurde, auch die absolute Krönung der V4-Entwicklung dar.

Mit nur 140 Kilogramm Trockengewicht inklusive Öl und Wasser sowie einer Leistungsangabe, die mit »über 150 PS« drastisch untertrieb, bot die RVF 750 F, wie sie 1993 beim 8-Stunden-Rennen von vier Werks-Teams eingesetzt wurde, beste Voraussetzungen für Honda, um das eigene Terrain als Sieger zu verlassen. Der wassergekühlte V4 basierte in seinen Grundfesten auf der RC 30, verfügte über 70 Millimeter Bohrung bei 48,6 Millimetern Hub und besaß eine Kurbelwelle mit null Grad Hubzapfenversatz sowie mittig angeordnetem Zahnradantrieb der Nockenwellen. Die in einigen Punkten als Ausgangsbasis für die Ende 1993 präsentierte RC 30-Nachfolgerin RVF 750-RC 45 verwendete Endurance-Rennmaschine verfügte aber noch nicht über eine elektronische Benzineinspritzung, sondern über die aus Magnesium gefertigten und 41 Millimeter großen Keihin-Flachschieber-Vergaser mit elektronisch gesteuerter Vollastanreicherung. Außerdem meldete ein mit der Gasschieber-Betätigung gekoppeltes Potentiometer ständig die Öffnungsquerschnitte an die Kennfeld-Zündung. Eine entsprechende Angleichung des Zündwinkels brachte auf diese Weise vor allem Vorteile beim Herausbeschleunigen aus Kurven. Wie beim Daytona-Renner von 1993 bezog der V4 seine Ansaugluft über zwei Luftführungen durch den Tank, was bei hohen Geschwindigkeiten für einen Staudruck in der Airbox und damit zu mehr Leistung führte.

Im Gegensatz zur RC 30 verfügte der Leichtmetallrahmen über eine geänderte vordere Motoraufhängung. Zudem war der Querschnitt der Strangpreßprofile deutlich massiver dimensioniert. Mit nur 1395 Millimetern Radstand war die RVF 750 F zudem betont auf Handlichkeit ausgelegt. Im Vergleich zur RC 30 geändert war auch die Hinterradaufhängung mit einer üppiger dimensionierten Schwinge und einem 17 Zoll-Rad. Die RC 30 besaß ja noch einen 18-Zöller.

Acht Stunden sind ein Tag: Der Kawasaki-Fahrer und spätere Sieger Scott Russell (1) ist bereits unterwegs, als die Werks-Hondas mit Daryl Beattie (11), Shinja Takeishi (8) und Eddie Lawson (7) gerade losrollen. Trotz Lawsons furioser Aufholjagd wurde Honda 1993 auf eigenem Boden von Kawasaki bezwungen

Aber nicht nur die Konstruktion der RVF 750 F als solche war beinahe unschlagbar und gilt auch heute noch als das Beste im Viertaktsport, was mit 750 Kubikzentimetern Hubraum je geboten wurde. Vor allem die handwerkliche Ausführung ließ Techniker-Herzen höher schlagen. Das Fahrgestell kam gegenüber der RC 30 ohne jegliches Gußteil aus. Lenkkopf und Schwingenaufnahme waren aus Vollmaterial gefräst und mit den Strangpreßprofilen säuberlich verschweißt. Zugunsten einiger hundert Gramm Gewichtsersparnis war der Sitzbankhöcker aus Carbon-Kevlar-Laminat zudem selbsttragend ausgeführt, was ein zusätzliches Rohrwerk wegfallen ließ. Daneben wies das Triebwerk zahlreiche Magnesiumteile im Bereich der Gehäusedeckel auf. Um das Triebwerk trotz der Maximal-Drehzahl von 14200/min über die 8-Stunden-Distanz standfest zu bekommen, war der Ventiltrieb mit Ventilen und Stößeltassen aus Titan extrem leicht ausgeführt.

Im Rennen führten die Pole-Setter Mick Doohan und Daryl Beattie nach drei Sunden mit 17 Sekunden Vorsprung, bis »Quick Mick« Doohan auf einer Ölspur ausglitt, die lädierte Maschine trotz abgebrochenem Lenkerstummel zurück an die Box pilotierte, wo der Schaden in gut drei Minuten behoben wurde. Doohan/Beattie fielen auf Rang acht zurück und begnügten sich fortan mit einer Ergebniskorrektur, die schließlich auf Rang vier endete. Mick Doohan über das Fahrerlebnis auf der RVF 750 F: »Sie ist unheimlich einfach zu fahren. Das liegt zum einen an der sehr weich einsetzenden Motorleistung, zum anderen natürlich daran, daß ich sonst eine GP-500er bewege, die noch wesentlich mehr Leistung hat.«

Da auch Eddie Lawson auf der Kanemoto-Werks-Honda unliebsame Bekanntschaft mit einem Ölfleck machte, blieb auch ihm nur die Verfolgung der bereits weit enteilten Kawasaki-Mannschaft mit Scott Russell und Aaron Slight. Am Ende des Rennens lagen Lawson/Tsujimoto mit knapp zwei Minuten Rückstand auf dem undankbaren zweiten Platz – trotz

Rundenzeiten, die beständig zwei Sekunden unter denen der gesamten Konkurrenz lagen. Kawasaki hatte es an diesem Tage geschafft: Die Grünen schlugen Honda auf eigenem Boden.
Für Honda war es eine vernichtende Niederlage an diesem Tage, und man revanchierte sich genau ein Jahr später mit einem Sieg auf der brandneuen RVF 750-RC 45. Die allerdings war bereits nach dem Superbike-Reglement aufgebaut, mit 160 Kilogramm wesentlich schwerer und – da weitgehend auf der Serien-Maschine basierend – technisch weit weniger interessant als der RVF-Prototyp.

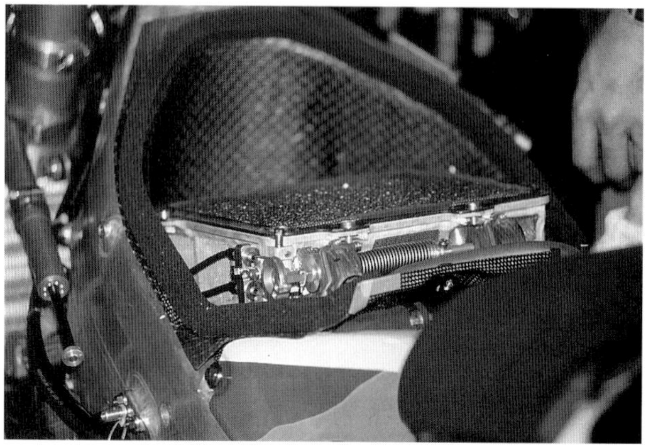

Leistungs-Gesellschaft: Die 41 Millimeter großen Flachschieber-Vergaser von Keihin waren mit einer elektronisch gesteuerten Vollastanreicherung bestückt. Die halbkugelförmig ausgebildete Tankunterseite mit zwei großen Lufteintritten schloß hermetisch mit dem Rahmenprofil ab und bildete zusammen mit der Carbon-Kevlar-Ansaugwanne die voluminöse Airbox

Steady Eddie: Der ehemalige 500er-Weltmeister Eddie Lawson bewies bei den Eight Hours 93, daß er den Umgang mit schnellen Viertaktern keineswegs verlernt hatte. Schließlich war der Kalifornier 1980 amerikanischer Superbike-Meister

Die Ära der Werks-Prototypen, die Honda mit den RVF-Endurance-Rennmaschinen von 1985 bis 1993 entscheidend prägte, wurde von der FIM jäh beendet. Die genauen Gründe kennt wohl nur die FIM selbst, denn von einer Kostendämpfung durch die größere Seriennähe zu sprechen wäre verkehrt. Im Gegenteil: Der Aufwand, um die an die Serie angelehnten Rennmaschinen konkurrenzfähig zu machen, liegt nun wesentlich mehr im Detail und erfordert extreme Feinarbeit – was ja bekanntlich gerade teuer ist. Acht Mal gewann Honda mit den RVF-Werksmaschinen seit 1985 die Langstrecken-Weltmeisterschaft und acht Mal verließ das Honda-V4-Werksteam die Rennstrecke der prestigeträchtigen 8 Stunden von Suzuka als Sieger. Honda unternahm unter dem Kürzel »RVF«, was übersetzt »Racing Vee Four«, also »Rennsport Vau Vier« heißt, stets die größten Anstrengungen, die auf dem Viertaktsektor möglich waren. Und dies sogar eigens für die in Japan sehr populäre Formel-3-Klasse, in der Viertakter mit maximal 400 Kubikzentimeter Hubraum gegen Zweitakt-250er antreten. Die speziell für diese Rennklasse gebaute RVF 400 F war eine kleine Kopie der RVF 750 F und dominierte wie das Vorbild meist das Renngeschehen im Land der aufgehenden Sonne.

Daß Honda diesen immensen Entwicklungsaufwand um die RVF-Baureihe nicht zum Selbstzweck degradierte, zeigt sich an der Tatsache, daß die Serien-Maschinen VFR 400 R (NC 24 und NC 30) sowie die VFR 750 R (RC 30) und die RVF 750-RC 45 letztlich auf dieser Rennsport-Schiene entwickelt wurden. Seit 1994 sehen wir keine Prototypen als Basis für spätere Serienmaschinen mehr. Die FIM hat die technische Entwicklung für Supersportler umgekehrt – seitdem werden die Homologations-Rennmaschinen wie jedes andere Zweirad am Reißbrett entworfen und unter Quarantäne-Bedingungen für den bevorstehenden Rennbetrieb getestet und entwickelt. Ein satter Schlag ins Gesicht für die vielen kreativen Ingenieure nicht nur bei Honda, und ein gutes Stück weniger Faszination für den technisch interessierten Motorradfahrer.

Dream-Team: Eddie Lawson und Erv Kanemoto, der Chef des zweiten Honda-Werksteams, scheiterten 1993 in Suzuka nur ganz knapp am Sieg. Eine Ölspur wurde Lawson zum Verhängnis und bedeutete mehrere Minuten Reparatur an der Box. Kanemoto bewies einmal mehr, daß er sich neben der Betreuung schneller GP-Zweitakter auch ausgezeichnet auf die Vorbereitung von Viertaktern versteht

TECHNISCHE DATEN RVF 750 F
Suzuka-Racer '94

MOTOR		GEMISCHAUFBEREITUNG	
Bohrung x Hub:	70 x 48,6 mm	Typ:	Vier Keihin-Flachschieber-Vergaser
Hubraum:	748 cm^3		
Leistung:	über 110 kW (150 PS) bei 14 000/min	Durchlaß:	41 mm
Verdichtung:	12,8:1	FAHRWERK	
Zylinderwinkel:	90 Grad	Leichtmetall-Brückenrahmen	
Ventilwinkel:	38 Grad		
Ventildurchmesser Einlaß:	28 mm	TROCKENGEWICHT:	ca. 140 kg
Auslaß:	25 mm		
Ventilschaftdurchmesser:	4,5 mm	HÖCHSTGESCHWINDIGKEIT:	ca. 300 km/h

RVF 750-RC 45 Superbike

Power-Vau

Wenn es darum geht, Neues über einen Honda-Motor zu erfahren, stellt sich unser Kompaß blitzartig in Richtung Belzhag im Hohenloheschen ein. Hypergespannt folgten wir im Frühjahr 1994 im Falle des rund 31 000 Mark teuren HRC-Triebwerkes für Hondas neues Superbike RC 45 der Einladung von Honda-Papst Roland Eckert zum Meß- und Fototermin für den soeben aus Japan eingeflogenen V4. Zweifellos ein Novum in der Honda-Geschichte war die Tatsache, daß für die RVF 750 neben einem Motorenkit zur Aufrüstung des Serienaggregates erstmals komplette im Werk montierte und getestete Renntriebwerke frei käuflich waren. Zwar leisteten diese Triebwerke mit nominell 150 PS bei 13500/min nicht mehr als ein gedopter Serien-V4, doch waren sie bereits erprobt und schlossen zudem mögliche Fehler beim Einbau der Kitteile von vornherein aus.

Mit dem Wissen um die Technik der erfolgreichen RC 30 im Hinterkopf taten sich bereits beim ersten Hinsehen gravierende Unterschiede auf. Die Zylinderköpfe bauten aufgrund der Reduzierung des Ventilwinkels von 38 auf 26 Grad zwangsläufig kompakter. Unter den Magnesiumventildeckeln offenbarten sie eine dreifache Gleitlagerung der vier Nockenwellen direkt im Aluminium des Zylinderkopfes. Ein großer Lagerdeckel mit Ölspritzdüsen für die Nockenlaufbahnen sorgte für die Führung an den linken und mittleren Lagerstellen. Rechts auf der Steuerseite übernahm dies jeweils ein kleiner Lagerbock. Die ehrwürdige RC 30 glänzte auf diesem Terrain noch mit wälzgelagerten Nockenwellen, deren Lagerböcke zudem eingeschraubt waren, was in der Tuning-Praxis einen entscheidenden Vorteil brachte: Die Zylinderköpfe konnten zur Verdichtungserhöhung problemlos abgefräst und der Höhenausgleich für den Stirnradantrieb bequem über Distanzplatten unter den Lagerböcken realisiert werden. Beim V4 der RC 45 ließen sich diese Höhendifferenzen lediglich über einen geänderten Steuertrieb für die Nockenwellen egalisieren. Eine heikle Aufgabe, der sich Eckert unter anderem widmete. Auf der rechten Primärseite erfolgte der Antrieb der Nockenwellen über ein kleines, abnehmbares Zahnrad auf der Kurbelwelle. Eckert stellte seiner Kundschaft kleiner geschliffene Varianten zur Wahl, die den entsprechenden Höhenausgleich beim Abplanen der Zylinderköpfe herstellten.

Die Anhebung der Leistung von serienmäßigen 120 auf die versprochenen 150 Pferdestärken geschah nach bekanntem Strickmuster. Die Hübe der Nockenwellen wurden einlaßseitig um 1,3 Millimeter auf 9,3 sowie auslaßseitig um 0,3 Millimeter auf 8,3 erhöht. Zudem bemühten sich schärfere Steuerzeiten – besonders auf der Einlaßseite – um einen effektiveren Gaswechsel bei hohen Drehzahlen (RC 45-Serie (Kit): EÖ 15 (23) Grad v. OT/ES 40 (52) Grad n. OT, AÖ 45 (50) Grad v. UT/AS 10 (20) Grad

Dritter mit der Drei: Der Neuseeländer Aaron Slight blieb in seiner ersten RC 45-Saison 1994 in der Superbike-WM zwar ohne Sieg, fuhr aber in allen Läufen in die Punkte und belegte dadurch schließlich Rang drei im Endklassement. Teamkollege Doug Polen wurde WM-Vierter, Ducati-Pilot Carl Fogarty aber Weltmeister

n. OT; gemessen bei 1 mm Ventilhub). Verglichen mit den Werten des HRC-Kits für die RC 30 bedeutete dies identische Auslaßsteuerzeiten bei längeren Öffnungswinkeln der Einlaßventile. Auffällig war, daß die RC 30 mit jeweils 9,5 Millimetern deutlich mehr Ventilhub aufwies. Aus Gründen der Gewichtsersparnis und Reibungsminimierung verfügten die HRC-Nockenwellen nicht wie üblich über verspannte Zahnräder. Die Reduzierung des Zahnradspiels auf 6 bis 8 Hundertstel Millimeter übernahm ausschließlich das untere der beiden Antriebsräder.

Eine kleine Besonderheit stellt die Bearbeitung der Zylinderköpfe dar. Die im Urzustand noch mit dem Gußbild behafteten Einlaßkanäle erhielten von HRC auf einem CNC-gesteuerten Bearbeitungszentrum den letzten Schliff. Etwaige Toleranzen, die der Gußrohling aufwies, glich die rechnergesteuerte Nachbehandlung vollständig aus. Im Automobilrennsport bereits seit Jahren üblich, gewährleistete dies Kanäle von absolut gleichgestalteter Form und Oberflächengüte.

Gehörten sehr steile und gerade Einlaßkanäle bereits seit längerem zum Standard im Rennmotorenbau, waren dennoch gravierende Unterschiede in der Formgestaltung sichtbar. Setzten viele Tuner und selbst Motorenentwickler in den Werken immer noch auf große Ventildurchmesser und stark erweiterte Einlaßkanäle, schritt das RC 45-Design dem kraß entgegen. Im Bereich der Drosselklappe noch rekordverdächtige 46 Millimeter bemessend, verjüngte sich der Einlaßkanal drastisch und mündete letztlich in zwei 29 Millimeter große Einlaßventile mit

4,5 Millimetern Schaftdurchmesser (Auslaß 24,5 Millimeter; RC 30: E. 28/A:25 mm). Dahinter steckte die einfache Überlegung, eine große Menge angesaugtes Frischgas stark zu beschleunigen und möglichst ohne Verlust schnell in den Brennraum zu bringen. Der weitere Vorteil dieser Lösung: Schon bei geringen Drehzahlen wurde eine hohe Gasgeschwindigkeit und damit gute Füllung realisiert.

Doch ein niedriges Drehzahlniveau war keinesfalls die Zielsetzung bei der Entwicklung des RC 45-Motors. Das von Honda beinahe zementierte Bohrung-Hub-Verhältnis von 70 mal 48,6 Millimetern wich einer Auslegung, die Drehzahlen von weit über 14000/min erwarten ließ. Nur noch 46 Millimeter bewegten sich die Kolben – im Falle des HRC-Triebwerkes übrigens aus anderen Rohlingen gefertigt – in den Composite-Leichtmetallaufbüchsen auf und nieder. Zusammen mit einer Zylinderbohrung von 72 Millimetern errechneten sich so 749 cm^3 Hubraum für den wassergekühlten V4.

Ein Vergleich der bewegten Massen von RC 45 und RC 30 im HRC-Trimm förderte zunächst Erstaunliches zu Tage. Sowohl Kolben (174/185 g), Bolzen (44/49 g), als auch Kurbelwelle (4580/4840 g) der RC 45 fielen deutlich massiver aus als bei der RC 30. Und selbst die um 13 Millimeter kürzeren Titanpleuel der Neuen wogen mit 257 Gramm geradewmal zwei Gramm weniger als die Vorgängerpendants.

All dies war kein schlechter Witz der Konstrukteure, sondern deren Zugeständnis an die enormen Drehzahlen. Die Hubzapfen der Kurbelwelle maßen zwar nach wie vor 36 Millimeter im Lagerdurchmesser, waren aber um ein Vielfaches stabiler ausgeführt als bei der RC 30-Welle. Das brachte Steifigkeit. Der Durchmesser der Hauptlager blieb mit 34 Millimetern ebenfalls erhalten, allerdings reduzierte sich deren Zahl durch den nun rechts und nicht mehr mittig liegenden Nockenwellenantrieb von vier auf drei.

Daß ein erkleckliches Mehr an Spitzenleistung bei gleichem Hubvolumen nur über höhere Drehzahlen erfolgen kann, untermauerte die Konstruktion des RC 45-V4 nachhaltig. Die unliebsamen Konsequenzen – nämlich geringeres Drehmoment und mäßige Leistung bei mittleren Drehzahlen – versuchte Honda durch eine ausgeklügelte Gestaltung der Einlaßkanäle und nicht zuletzt durch die elektronische Einspritzung zu vermeiden.

Doch die Verwirklichung beider Zielsetzungen, nämlich hoher Spitzenleistung bei gleichzeitig hohem Drehmoment, ließ sich in der gewünschten Form nicht realisieren, wie sich in der ersten Saison der Superbike-WM zeigen sollte. Der zweifache Superbike-Weltmeister Doug Polen und der WM-Dritte von 1993, Aaron Slight, pilotierten die beiden von einem Techniker-Troß betreuten Werks-RC 45 zwar meistens unter die ersten fünf, doch einen Sieg gab es 1994 nicht. Die Probleme, mit denen Slight und Polen kämpften, waren offensichtlich: Beim Herausbeschleunigen aus Kurven fehlte es dem V4 an Leistung, und das Fahrwerk machte besonders in

Blick nach vorn: Der Autor gewann bei Tests in Hockenheim einen zwiespältigen Eindruck von Andy Hofmanns Thiede-Honda. Der Motor überzeugte mit harmonischer Leistungsabgabe und hoher Spitzenleistung. Lediglich im mittleren Bereich fehlten einige PS. Das Fahrwerk konnte beim damaligen Stand jedoch nicht überzeugen. Front- und Heckpartie paßten überhaupt nicht zusammen

Gutes Rad ist teuer: Die vom Berliner Honda-Händler Gerhard Thiede vorbereitete RC 45 basierte motorisch auf Kit-Teilen und leistete 158 PS bei 14000/min. Aufgrund der Drehmomentschwäche und der Fahrwerksprobleme kam Andy Hofmann in der DM 94 über einen 14. Rang in der Endabrechnung aber nicht hinaus

puncto Federbeinabstimmung Probleme. Erst nach und nach bekam Honda die Fahrwerkstechnik in den Griff und wirkte mit eingeschweißten Versteifungsblechen im Bereich der Schwingenlagerung, der Schwinge selbst und des Lenkkopfes den auftretenden Rahmenverwindungen entgegen. Außerdem erwies sich die vordere, nach RVF-Vorbild tief herabgezogene Motoraufnahme als Schwachpunkt und wurde ebenfalls versteift.

Die Situation von Honda 1994 ließ sich rückblickend sehr gut mit der von 1988 vergleichen. Damals kämpfte Fred Merkel ebenfalls mit technischen Problemen, schaffte es durch konstantes Punkten aber dennoch, den WM-Titel einzufahren. Aaron Slight ging es 1994 genauso. Er punktete in allen Rennen fuhr öfters auf die Ränge zwei und drei und schaffte ohne Sieg eine gelungene Premieren-Saison mit Abschlußrang drei. Wenngleich der WM-Titel beim letzten Lauf im australischen Philip Island auch an Carl Fogarty auf der Ducati 916 ging.

National beschäftigten sich 1994 drei Teams mit der RC 45 in der Superbike-WM. Ex-500er-Fahrer

Michael Rudroff, der RC 30-erfahrene Superbike-Pilot Thomas Franz und natürlich Andy Hofmann, der Meister von 1989 und 1990, setzten auf die brandneue Maschine, die mittels HRC-Teilen vorne dabei sein sollte. Exemplarisch für den Verlauf dieser DM-Saison seien die Erfahrungen des von Hein Gericke unterstützten Thiede-Power-Racing-Teams geschildert, das den Schweizer Andy Hofmann betreute.

Nach Erhalt des ersten Kit-Triebwerkes kam auf dem Leistungsprüfstand die erste Ernüchterung. Knapp 147 PS leistete der Motor bei 13700/min. Unter Einbeziehung des Aufladungseffektes durch die Luftzuführung ergaben sich daraus etwa die von HRC versprochenen 150 PS. Wesentlich bedenklicher als die im Vergleich zur Kawasaki-Konkurrenz des Importeurs-Teams um etwa zehn PS geringere Spitzenleistung war aber das geringe Drehmoment von nur 81 Nm bei 11700/min. Enormer Entwicklungsbedarf tat sich daher für den Berliner Motorentuner und Teamchef Gerhard Thiede auf. Mittels geänderten Brennräumen, Kawasaki-Ventilen mit flachem Teller sowie einstellbaren Zahnrädern für die Nockenwellen gelang es ihm schließlich, 158 PS Leistung bei 14000/min zu realisieren. Doch die Muskelschwäche im Bereich von 8000 bis 12000/min ließ sich nur bedingt beheben. Verglichen mit der Werks-Yamaha des Schweden Christer Lindholm fehlten der Thiede-Honda in diesem Drehzahl-Korridor durchgehend bis zu zehn PS.

Bei den Rennen machte sich dieses Leistungsdefizit entsprechend bemerkbar: Andy Hofmann erreichte nur durch seine betont kämpferische Fahrweise Resultate unter den Top-Ten. Hinzu addierten sich enorme Fahrwerksprobleme, von denen sich der Autor bei einem Testtermin auf dem kleinen Kurs in Hockenheim selbst überzeugen konnte. Nahezu alle denkbaren Varianten von Federelementen probierte die Thiede-Crew aus. Beginnend mit QAT-Teilen tastete man sich über White-Power-Elemente schließlich an die Produkte des schwedischen Herstellers

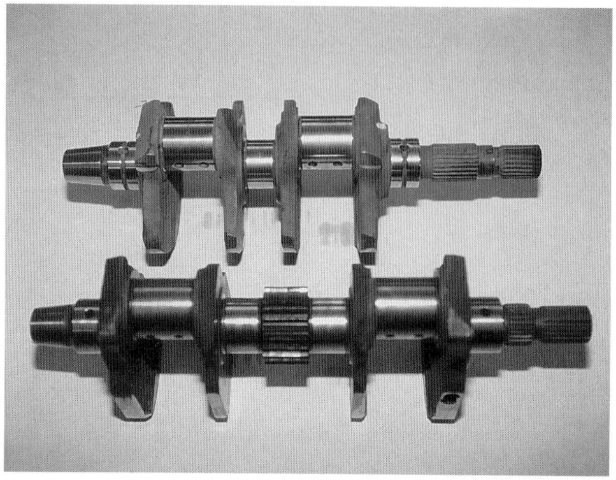

Schmalhans: Die RC 45-Kurbelwelle (hinten) spart sich gegenüber dem RC 30-Pendant ein Hauptlager. Durch den nicht mehr mittig angeordneten Nockenwellenantrieb baut sie deutlich schmaler

Öhlins heran, wie sie auch Michael Rudroff in seiner RC 45 einsetzte. Diese Kombination zeitigte schließlich ein brauchbares Fahrverhalten – doch leider zu spät, denn die Saison war bei diesem Erkenntnisstand bereits beendet.

Der Autor kam beim Hockenheimer Test-Termin in den zweifelhaften Genuß einer Zwischenlösung mit White-Power-Gabel vorne und einem Öhlins-Federbein hinten. Beides harmonierte in keiner Weise miteinander, und die Thiede-Honda wollte einen auf der Bodenwelle in der Nordkurve ständig aus dem Sattel werfen. Die Hinterhand war zur Verbesserung der Traktion dermaßen überdämpft, daß der breite Michelin-Slick einen großen Teil des Störeinflusses durch die Welle durch Walkarbeit kompensierte. Was natürlich ein Aufstellmoment und entsprechende Unruhe ins Chassis brachte. Erst nach der Umstellung auf Öhlins-Produkte war diese Eigenart beseitigt.

Ein sehr positives Erlebnis hatte der Autor hingegen mit dem Triebwerk. Aufgrund der Benzineinspritzung hing es sehr sauber am Gas und kredenzte neben einer perfekten Gasdosierung in Schräglage vor allem einen sehr kontinuierlichen und daher gut zu kontrollierenden Leistungsanstieg bis hinauf zur 14500/min-Marke. Das tatsächlich vorhandene Lei-

stungsdefizit im mittleren Drehzahlbereich kaschierte der V4 trefflich mit seiner ungemein gleichförmigen Art der Leistungsabgabe.
So läßt sich der 14. Gesamtrang von Andy Hofmann auf der Thiede-Honda also durch die Verkettung mehrerer Faktoren erklären: Fahrwerksprobleme und zuwenig Leistung im mittleren Bereich. Was aber noch schwerer wog: Gerhard Thiede war wie andere Privatiers bei der Entwicklung der RC 45 völlig auf sich alleine gestellt. Das Werk in Japan hatte mit dem Werkseinsatz von Polen und Slight selbst genug zu tun und konnte sich deshalb nicht auch noch um die Sorgen und Nöte der Privatfahrer kümmern. Angesichts des Stückpreises von etwa 120 000 Mark für eine rennfertige Kit-RC 45 wäre etwas mehr Unterstützung aber durchaus gerechtfertigt gewesen.
Völlig verfehlt wäre es dennoch, die RC 45 letztlich als technischen Flop zu werten. Das erste Rennjahr lief für das Werksteam sehr erfolgreich, und neue Kit-Teile werden auch den Privatiers in naher Zukunft ein

Techno-Krad: Thiede setzte im Verlauf der '94er-Saison fahrwerkstechnisch auf viele verschiedene Varianten. Der Autor durfte die Version mit White-Power-Gabel und Öhlins-Federbein bewegen. Das Kit-Triebwerk modifizierte er mit anderen Brennräumen, Kawasaki-Ventilen und einstellbaren Nockenwellenrädern. Der Skorpion-Auspuff brachte etwas Spitzenleistung. Die Versteifungsbleche an den Rahmenprofilen sollten das sich verwindende Chassis beruhigen

konkurrenzfähiges Superbike bescheren. Denn das V4-Konzept weist auch in der RVF 750-RC 45 immer noch dieselben Vorteile auf, die bereits ihre Vorgängerinnen zu Siegertypen stempelten: Günstige Schwerpunktlage und schmale Kurbelwelle für beste Handling-Eigenschaften und schmale Front-Silhouette sowie eine im Vergleich zu Reihenvierzylindern sehr gleichförmige Art der Leistungsabgabe. Zweifellos wird sie in den kommenden Jahren das Geschehen bei den Superbikes entscheidend mitbestimmen.

Zahn-Technik: Der Nockenwellenantrieb auf der Primärseite ging von einem abziehbaren Zahnrad auf der Kurbelwelle aus. Kleiner geschliffene Zahnräder erlaubten Höhenkorrekturen beim Einbau abgeplanter Zylinderköpfe, wie er bei Verdichtungserhöhungen vorkam. Mit der Entwicklung dieser Zahnräder befaßte sich Roland Eckert im Anfangsstadium der RC 45

TECHNISCHE DATEN RVF 750-RC 45
Superbike (Kit-Version)

MOTOR		GEMISCHAUFBEREITUNG	
Bohrung x Hub:	72 x 46 mm	Typ:	Elektronisches Zünd-Einspritz-Management
Hubraum:	748 cm^3		
Leistung:	über 110 kW (150 PS) bei 14000/min	Durchlaß:	46 mm
Verdichtung:	12:1	FAHRWERK	
Zylinderwinkel:	90 Grad	Leichtmetall-Brückenrahmen	
Ventilwinkel:	26 Grad		
Ventildurchmesser Einlaß:	29 mm	TROCKENGEWICHT	160 kg
Auslaß:	24,5 mm		
Ventilschaftdurchmesser:	4,5 mm	HÖCHSTGESCHWINDIGKEIT:	ca. 290 km/h

Spezialisten

AMC GmbH
Gitterrohr-Fahrwerke
Triebweg 20
72574 Bad Urach-Wittlingen

Bakker-Fahrwerke
Nico Bakker
Donkereweg 1
NL-1704 DV Heer Hugoward

Boxer Bikes
16 Blvd. Carnot
F-31000 Toulouse

Brune
Martin-Fahrwerke
Manfred Brune
Wöste 6
48291 Telgte

Dholda-Racing
Jean D'Hollander
Burg Lemmensstraat 14–16
B-9168 Moerzeke

Eckert Motorradtechnik
Roland Eckert
Hauptstraße 54
74635 Kupferzell-Belzhag

Egli Motorradtechnik AG
Fritz W. Egli
CH-5618 Bettwil

Gaidosch
Motorräder & Zubehör
Walbergraben 22
35614 Aßlar

Motorradhaus am Südstern
Gerhard Thiede
Südstern 6
10961 Berlin

Wellbrock & Co.
Beim neuen Damm 20
28865 Lilienthal

Literaturhinweise

Carrick, Peter: Die Honda Motorrad Story, Motorbuchverlag

Gaßebner, Jürgen: EDEL-BIKES selbstgebaut, Motorbuchverlag

MOTORRAD: Jahrgänge 1977 bis 1994

PS – Das Sport-Motorrad Magazin: Jahrgänge 1977 bis 1994